# 황 순 원

― 선비 정신과 인간 구원의 길 ―

송 현 호 저

건국대학교출판부

선비 정신과 인간 구원의 길

# 황 순 원

세계 작가 탐구(한국편) [002]

| | |
|---|---|
| 찍은날 | 2000년 5월 25일 초판 찍음 |
| 펴낸날 | 2000년 5월 31일 초판 펴냄 |
| 지은이 | 송 현 호 |
| 펴낸이 | 맹 원 재 |
| 펴낸곳 | 건국대학교출판부 |
| | 주 소: 143-701, 서울시 광진구 화양동 1번지 |
| | 전 화: 도서주문 (02)450-3893/FAX (02)457-7202 |
| | 　　　　편 집 실 (02)450-3891~2 |
| | 등 록: 제 4-3 호(1971. 6. 21) |
| 찍은곳 | 용지인쇄주식회사 |

값 6,000원

ⓒ 송현호, 2000

* 잘못 만들어진 책은 바꾸어 드립니다.
* 저자와의 협의하에 인지 첨부를 생략합니다.

ISBN　89-7107-249-0　04800
ISBN　89-7107-232-6 (세트)

황 순 원(黃順元, 1915~)
6·25 전쟁이 끝나고 서울 회현동 집에 돌아와서

"예술인 마을"과 인접한 관악산 기슭에서(1970년)

## 저자의 말

　새로운 천년이 시작되던 날 고향 친구들과 정릉의 어느 대형병원을 찾았다. 친구의 부인이 외상을 입고 고통스러워했다. 여기저기서 환자들의 고통에 찬 신음소리도 들려왔다. 의료진은 거들떠보지도 않고 제 할 일만 하고 있었다. 병원의 어디에서도 묵은 천년과는 다른 모습을 발견할 수가 없었다. 인술이 아닌 상술만이 존재했다. 언론 매체가 조성한 새로운 천년에 대한 기대와 꿈이 일순간 무너지기 시작했다. 인간성을 상실해 버린 시대, 그것이 우리가 사는 포스트모더니즘 시대의 모습임에 틀림없다. 따라서 이 시대의 화두로 인간성 회복을 드는 데에 이의를 제기할 사람은 거의 없을 것이다.
　그 점에서 황순원은 우리의 주목을 끌기에 충분하다. 그는 한국 현대문학사의 중심에서 영욕의 세월을 묵묵히 지켜본 선비이며, 우리 현대사의 증인이다. 문단에 발을 들여놓은 이후 오늘에 이르기까지 초지일관 문학가로서의 외길을 걸어왔다. 권력과 출세에 초연하면서 이데올로기에 흔들리지 않고 선비의 이상과 덕목을 체득해 나갔다. 일제하에서 많은 문인들이

자의든 혹은 타의든 친일을 할 때도, 좌파가 문단의 헤게모니를 장악할 때도, 우파가 반공문학을 내세울 때도, 많은 문인들이 독재자의 하수인으로 전락할 때도 그는 흔들림이 없이 의연하게 처신하면서 고고하게 문학가의 길을 걸어왔다.

그의 작품에 나타나는 주제는 대단히 다양하고 광범위하다. 그 가운데서 부 의식의 상실과 전통 지향성, 이념의 갈등과 부조리한 현실, 소외와 인간 구원의 문제는 주목할 만하다. 식민지 시대를 살아온 지식인의 갈등과 고뇌는 대단했을 것이다. 특히 동족의 수난의 현장을 둘러본 사람들이라면 민족적 울분을 직접 토로하거나, 그렇게 하지는 않았을지라도 그것을 가슴 깊이 묻어 두었을 가능성이 크다. 해방 이후 우리 민족의 가장 중요한 문제는 이념의 대립과 갈등일 것이다. 해방은 우리가 생각한 것과 너무나 거리가 멀었다. 공산당은 노동자와 농민들을 선동하여 정치적 헤게모니를 장악하려고 했고, 동족 상잔의 비극을 유발했다. 1960년대 이후 한국 사회는 군부 독재 시대와 산업화 사회의 도래로 극도의 혼란에 빠져든다. 4·19 혁명으로 분출한 자유와 민주주의에 대한 염원과 5·16 쿠데타에 의한 절망감은 많은 지식인들과 대학생들을 거리로 내몰았으며, 철저한 감시와 통제로 소외 문제와 생명의 존엄성에 대한 인식이 그 어느 때보다도 중요한 화두로 등장하였다.

70년에 이르는 오랜 창작 생활과 시·소설·희곡 등 다양한 장르적 실험 그리고 엄청난 양의 작품 생산은 그를 한국 현대문학사에서 빼놓을 수 없는 작가로 만들고 있다. 그의 작품의 중심이 시에서 단편소설로, 단편소설에서 장편소설로, 장편소설에서 시로 변화해 간 것은 단순히 장르와 창작 경향의 변화만을 의미하지 않는다. 그것은 타자와의 관계 속에서 자신의 존재를 확인하는 방법의 탐구이자 그 확대의 과정임에 틀림없다. 청년 시절의 유복한 지식인의 현실 인식과 완벽주의에 가까운 성실함이 시를 통하여 낭만적인 아름다움을 찾으려는 경향으로 나타났다면, 낭만적인 아름다움보다 현실의 부정적인 모습에 대한 인식이 커가면서 단편소설과 장편소설로 나아간 것으로 보인다.

때문에 생존 작가임에도 그는 많은 사람들의 관심과 연구의 대상이 되어 왔다. 필자는 이 책에서 작품의 원인이라고 할 수 있는 작가에 관심을 갖고 선비 의식의 형성과 그 문학적 구현을 구명해 보려고 했다. 아울러 그의 작품을 주제에 따라 분류하여 그 특성을 살펴보고자 했다. 특정한 기관의 기획에 의해 집필된 것이어서 여러 가지로 문제점들이 있고, 부족한 점들도 많을 것이다. 그에 대한 보완은 후일을 기약하고자 한다.

끝으로 이 책을 집필하고 출판하게 해준 건국대학교출판부 관계자 여러분들에게 감사드린다. 석사학위청구논문을 쓰면서 황순원에 대하여 함께 검토한 이향환 선생, 한 학기 동안 황순원에 대하여 함께 토론을 해준 교육대학원의 학생들, 바쁜 와중에도 묵묵히 연보와 연구자료 목록을 작성해 준 아주대학교 대학원의 김형규 군에게 고마운 마음을 전한다.

2000. 3.
저자 識

# 차 례

- 저자의 말 / 5

**1. 서 론** ──────── **13**

**2. 선비의 후예, 선비의 길** ── **19**

**3. 작품 세계** ──────── **51**

(1) 부 의식의 상실과 전통 지향성 · 51
(2) 이념의 갈등과 부조리한 현실 · 70
(3) 절망적 현실과 인간 구원의 문제 · 98

**4. 문학사적 의의** ──────── **131**

- 연보 및 연구자료 / 139

# 황 순 원

선비 정신과 인간 구원의 길

# 1
# 서 론

 황순원은 1931년 17세의 나이로 작품 활동을 시작하여 2000년 2월 현재 시 100여 편, 단편소설 100여 편, 중편소설 1편, 장편소설 7편을 발표한 바 있다. 식민지 시대의 암울한 상황에서부터 해방의 어수선한 상황, 피비린내 나는 동족 상잔의 비극, 개발·군부 독재 시대의 사회 경제적인 변화를 두루 겪은 우리 현대사의 증인이며, 한국 현대문학사의 중심에서 영욕의 세월을 묵묵히 지켜본 선비이다.

 때문에 생존 작가임에도 많은 사람들의 관심과 연구의 대상이 되어 왔다. 그에 대한 논의는 처음 단평으로 시작하고 있다. 단편집 『늪』(1940), 『목넘이 마을의 개』(1948), 『기러기』(1951), 최초의 장편소설 『별과 같이 살다』(1950)를 간행한 이후인 1950년대에 이루어지고 있다.[1] 1960년대 이후에는 작품론이 중심을 이루고 있다. 〈나무들 비탈에 서다〉(1960), 〈일월〉(1965) 등을 발표하면서 이들 작품을 중심으로 비교적 논의가 활발하게 이루어지고 있다. 이어령, 백철, 원형갑, 천이두, 구창환, 김치수는 황순원 문학에 나타난 자의식의 문제와 서정성에 역점을 두고 논의를 하여 괄목할 만한 성과를 거두었다.2)

1970년대 들어서면서 장편 『움직이는 성』을 간행하면서 그에 대한 논의가 본격화되기 시작한다. 이 시기의 주목할 만한 논의로는 이보영, 천이두의 작품론3)과 김병익, 김현, 염무웅의 사회문화비평을 들 수 있다.4)

1980년부터는 『황순원전집』(문학과지성사, 1980~1985)과 『말과 삶과 자유』(문학과지성사, 1985)의 간행을 기점으로 논의가 양산된다. 이 시기의 주목할 만한 논의로는 이태동, 유종호, 권영민, 김치수, 오생근, 한승옥, 신동욱, 이동하, 조남현을 들 수 있다.5)

1990년대 이후 학위청구논문이 양산되면서, 1999년 현재 100여 편의 석·박사 학위청구논문이 발표되었다. 그 가운데는 이월영, 양선규, 박양호, 장현숙, 박혜경, 김윤정, 황효일, 허명숙, 오연희, 이경호, 문영희의 박사학위청구논문 11편6)이 포함되어 있다.

황순원에 대한 논의를 종합해 보면 대체로 다양한 시각과 방법에 의해 이루어지고 있다. 그들을 묶으면 다음과 같이 정리할 수 있다.

첫째, 작가에 대한 연구로는 원응서(1973), 김동선(1984), 최정희(1985), 오유권(1985), 서정범(1985), 이호철(1985) 등을 들 수 있다.

둘째, 성격 연구로는 김현·김윤식(1973), 이정숙(1975), 백승

철(1982), 김종희(1985) 등을 들 수 있다.

셋째, 구성에 대한 연구로는 김치수(1984), 구인환(1979), 김교선(1966) 등을 들 수 있다.

넷째, 문체와 서술 시점에 대한 연구로는 김윤식(1976), 이유식(1983), 정과리(1984), 권영민(1985), 김상태(1985), 우한용(1990)을 들 수 있다.

다섯째, 사상적 연구로는 천이두(1973), 이태동(1980), 이상섭(1980), 송상일(1981), 김병익(1984), 권경희(1986), 이동하(1987), 이정숙(1990)을 들 수 있다.

여섯째, 사회학적 연구 혹은 역사주의적 연구로는 김현·김윤식(1973), 이태동(1980), 오생근(1983), 조남현(1984), 김치수(1985), 정과리(1985), 신동욱(1986), 장현숙(1994), 김윤정(1998) 등을 들 수 있다.

따라서 그의 작품을 한 덩어리로 살펴보는 데는 한계가 있다. 그의 작품 세계를 장현숙(1994)은 시적 상징화와 민족 현실의 반영(1930~1949), 현실 인식과 역사 의식의 확대(1950~1955), 생명 지향성과 영원주의(1955~1964), 실존적 삶의 인식과 형이상의 추구(1964~1975), 인간 구원과 자유에의 길(1976~1980년대)로 나누어서 살펴보고 있다.7) 김윤정(1997)은 식민지 시대와 착취 구조, 해방 공간과 기대의 좌절, 전후 시대와 이념의 갈등, 산업화와 인간 소외 등으로 나누어서 살펴보고 있다.8)

이들이 추구한 방법은 역사주의에 근거를 두고 있다. 그런데 전기로부터 후기까지 일관되게 어떤 주제에 집착하고 있는 경우도 있어서 논란의 여지가 다분하고 분류의 근거가 다소 미약

하다. 장현숙의 분류는 동일한 범주를 지나치게 세분화하고 있으며, 김윤정의 분류는 해방 공간에서 민족 상잔에 이르는 시기의 이념적인 문제를 양분하고 있다. 또한 역사주의에 바탕을 두고 분류하면서 앞의 시기와 중복되는 다음 시기에서 다루기에 곤란하다고 판단하여 그들을 의도적으로 논외로 하고 있다.

  필자는 작품의 원인으로서 작가에 관심을 갖고 작가 황순원의 생애를 선비 의식의 형성과 그 문학적 구현에 토대를 두고 구명해 보고자 한다. 아울러 그의 작품을 주제에 따라 분류하여 그 특성을 살펴보려고 한다. 그의 소설에 나타난 주제는 대단히 다양하고 광범위하다. 그 가운데서 가장 빈도수가 많이 나타나면서 그의 문학 세계에서 중요한 주제는 부 의식의 상실과 전통 지향성, 이념의 갈등과 부조리한 현실, 소외와 인간 구원의 문제 등이다.

  세 가지의 주제는 어떤 의미에서 시대적인 분류를 포괄한 것으로 볼 수도 있다. 그의 관심사는 대단히 폭넓고 광범위할 뿐만 아니라 동시다발적으로 나타나고 있어서 그것을 시대적인 순서로 나누기에는 어려운 면이 없지 않다. 그러나 시대적으로 특징지을 수 있는 주요 관심사는 비교적 분명하게 드러나고 있다. 문단에 등단한 시기부터 해방 전까지는 '부 의식의 상실과 전통 지향성'을 즐겨 다루고 있다면 해방 공간으로부터 전후 시기까지에는 '이념의 갈등과 부조리한 현실'을 즐겨 다루고 있다. 우리나라가 산업화 사회로 들어선 시대 이후에는 '소외와 인간 구원의 문제'를 즐겨 다루고 있다. 따라서 그의 작품을 위에서 제시한 세 가지로 분류하여 살펴보려고 한다.

|주 해|

1) 김성욱(1952. 3), 「시와 인형」, 『해동공론』.
　곽종원(1952. 9), 「황순원론」, 『문예』.
　천이두(1958. 11), 「인간속성과 모랄」, 『현대문학』.
2) 이어령(1960. 4), 「식물적 인간상」, 『사상계』.
　백　철(1960. 12. 9~10), 「전환기의 작품 자세」, ≪동아일보≫.
　백　철(1960. 12. 18), 「작품의 실험적인 소산」, ≪한국일보≫.
　원형갑(1966. 1~3), 「〈나무들 비탈에 서다〉의 배지」, 『현대문학』.
　천이두(1961. 12~1962. 1), 「〈나무들 비탈에 서다〉의 기점」, 『현대문학』.
　구창환(1965), 「황순원문학서설」, 『어문학논총(조선대)』.
　김치수(1966. 8), 「외로움과 그 극복의 문제」, 『문학』.
　천이두(1968), 「토속적 상황설정과 한국소설」, 『사상계』 188호.
3) 이보영(1970. 2~3), 「황순원의 세계」, 『현대문학』.
　천이두(1973. 8), 「종합에의 의지」, 『현대문학』.
4) 김병익(1973), 「찢어진 동천사상의 복원」, 『황순원문학전집』 제4권, 삼중당.
　김병익(1973), 「수난기의 결벽주의자」, 『황순원문학전집』 제5권, 삼중당.
　김병익(1976), 「순수문학과 그 역사성」, 『한국문학』.
　김　현(1973), 「소박한 수락」, 『황순원문학전집』 제6권, 삼중당.
　염무웅(1975), 「8·15직후의 한국문학」, 『창작과비평』.
5) 이태동(1980), 「실존적 현실과 미학적 현현」, 『현대문학』.
　유종호(1981), 「겨레의 기억」, 『황순원문학전집』 제2권, 문학과지성사.
　권영민(1982), 「일상적 경험과 소설의 수법」, 『황순원문학전집』 제4권, 문학과지성사.
　권영민(1985), 「황순원의 문체, 그 소설적 미학」, 『말과 삶과 자유』, 문학과지성사.
　김치수(1985), 「소설의 사회성과 서정성」, 『말과 삶과 자유』, 문학과지성사.
　오생근(1985), 「전반적 검토」, 『황순원연구』, 문학과지성사.
　한승옥(1985), 「황순원 장편소설 연구」, 『숭실어문』 제2집.
　신동욱(1986), 「황순원 소설에 있어서 한국적 삶의 인식 연구」, 『동양학』 제16집.

이동하(1987), 「소설과 종교」, 『문학의 길 삶의 길』, 문학과지성사.
조남현(1989. 1~5), 「우리 소설의 넓이와 깊이」, 『문학정신』.
6) 이월영(1990), 「꿈소재 서사문학의 사상적 유형연구」, 전북대 박사학위청구논문.
양선규(1992), 「황순원소설의 분석심리학적 연구」, 경북대 박사학위청구논문.
박양호(1994), 「황순원문학연구」, 전북대 박사학위청구논문.
장현숙(1994), 「황순원문학연구」, 경희대 박사학위청구논문.
박혜경(1995), 「황순원문학연구」, 동국대 박사학위청구논문.
김윤정(1997), 「황순원소설연구」, 한양대 박사학위청구논문.
황효일(1997), 「황순원 소설 연구」, 국민대 박사학위청구논문.
허명숙(1997), 「황순원 소설의 이미지 분석을 통한 동일성 연구」, 숭실대 박사학위청구논문.
오연희(1998), 「黃順元의〈日月〉硏究」, 충남대 박사학위청구논문.
이경호(1998), 「黃順元의 小說의 主體性 硏究」, 한양대 박사학위청구논문.
문영희(1988), 「황순원 문학 연구」, 경희대 박사학위청구논문.
7) 장현숙(1994), 『황순원문학연구』, 시와시학사.
8) 김윤정(1998), 『한국현대소설과 현대성의 미학』, 국학자료원.

## 2

# 선비의 후예, 선비의 길

 황순원은 선비의 후예로 태어나서 선비 밑에서 착실히 선비 교육을 받고, 선비로 훌륭하게 성장했다. 선비는 고려 시대와 조선 시대의 상류 계층을 지칭하는 개념이다. 한자로 표기할 때에는 '사'(士)와 '유'(儒) 두 자를 함께 쓴다.1) 그 외에도 선비는 양반(兩班), 사대부(士大夫), 사류(士類), 사림(士林) 등으로 통용되었다.
 중국의 고대 사회에서 신분 계층은 천자(天子), 제후(諸侯), 대부(大夫), 사(士), 서민 등 다섯 계급으로 구분하였다. 한(漢) 나라에 이르러 관리와 백성이라는 구별이 생겼고, 관리의 지위가 세습화되자 관리를 일컬어 사족(士族)이라 했다. 송(宋) 나라 때부터는 과거(科擧)를 통하여 관계에 진출한 관료 계급이 형성되어 이들을 사대부, 독서인(讀書人)이라 불렀다.* 사대부 사회에서는 학문과 더불어 고아(高雅)한 취미를 숭상하였다.

한국에서는 송 나라 문화의 영향을 받았던 고려 시대에 귀족, 높은 벼슬아치, 문벌이 높은 사람을 사대부라고 부르고, 그 가문을 사대부 집안, 그 가족을 사족(士族)이라 불렀다. 사대부와 일반인의 구별이 생기기 시작한 것이다. 고려말에 두각을 드러내기 시작한 사대부들은 조선 시대에 이르러서 관리를 중심으로 한 유교적 지식 계급으로 자리잡게 되었다. 사대부는 유교에 바탕을 둔 예법 혹은 예절을 생활의 기본으로 삼아 스스로를 엄히 규제하고 절제하였다.

황순원의 집안은 본관이 제안(齊安)이다. 8대 방조인 집암(執庵) 순승(順承)은 영조 때의 유명한 효자로『국사대사전』에까지 올라 있는 인물이다. 순승은 향리에서 대대로 존경을 받고 살아온 사람이었다. 조상의 제사를 거르는 일이 없었고, 효심이 극진하여 어머니가 있는 죄인들은 방면할 정도로 관대하였다. 뿐만 아니라 대개의 선비들이 그러했듯이 고집스러움을 지니고 있었다.

세칭 황고집으로 불리우는 조선(祖先)은 물론 인물도 훨씬 커서 가히 현인급에 드실 분이시다. 세인들은 당신을 고집이란 말에서

---

* 이것은 선비의 두 유형을 아우르는 말로 보인다. 선비는 학문이나 그 인물의 특성에 따라 여러 유형으로 분류될 수 있겠으나 대체로 크게 학문적 성향으로 본 선비군과 행적(行蹟)을 통해서 본 선비군으로 대별될 수 있다. 또 학문적 성향으로 분류되는 선비군은 크게 유학에 심입(深入)한 선비군과 문학에 밝은 선비군으로 나눌 수 있겠다(Ibid., p. 87). (중략) 행적을 통해 본 선비군은 대신(大臣), 충신(忠臣), 간신(奸臣)과 같은 조사(朝士)와 천민(天民), 학자(學者), 은자(隱者)와 같은 재야 선비로 나눌 수 있겠다(Ibid., p. 89).

꼽재기란 말로 와전시켜 가지고 우스갯말을 조작해 놓고 좋아하지만 내 생각으로는 우리 민족의 메마른 일상생활에 어떤 웃음과 해학을 가져다 줄 수 있었다는 것만도 이 선조가 베푼 은덕의 하나가 아닌가 한다. (중략) 당신의 성품이 굳세고 곧으셔서 말씀한 바에 반드시 신의가 있고 한번 무엇을 행하시면 끝까지 실행하여 조금도 굽히는 일이 없는지라 세상 사람들이 모두 황고집이라 부르게 되자 당신은 조금도 개의치 않고 오히려 이로써 호를 삼아 집암이라 했던 것이다. 그만큼 당신은 초탈한 성품의 소유자이시기도 했던 것이다.2)

먼저 당신을 생각할 때 내 머리를 떠나지 않는 것은 효성이 지극하셨다는 것이다. 그래 당신의 부모나 조선을 받드는 마음은 곧 다른 사람의 조선에 대해서도 무관심할 수가 없었다. (중략) 당신은 또 절조 있는 분이셨다. (중략) 당신은 또 근면하신 분이셨다. (중략) 당신은 또 노력가이시어서 만년에 이르러서도 독서를 게을리 하지 않았다. (중략) 언제 안색을 변해 가지고 누구를 호되게 꾸짖어본 일도 없을 성싶은 온화한 용자이신 것이다.3)

그는 일찍이 송시열의 제자로 유학의 대가였던 권상하(權尙夏)에게 배웠으며, 만년에 효렴(孝廉)으로 추천되어 경릉참봉, 사도소직장, 전성서직장 등을 역임하였다. 당시 관직의 등용은 음직(蔭職)과 과거(科擧)를 통하여 이루어졌다. 이 또한 양반에게 주어지는 음직으로 볼 수 있다.

성리학(性理學)이 사회 체제를 유지하는 지배 원리로 자리잡으면서 사족(士族)은 양반층의 공급원이 되었다. 순승 이후 그의 집안은 벼슬길에 나가지 못하고 잔반에 머물렀던 것으로 보인다. 조선 후기에 양반의 수가 늘어남에 따라 양반은 대가(大家),

세가(世家), 향반(鄕班), 잔반(殘班) 등의 구분이 생겼던 것이다.

순승의 효성과 고집스러움은 그의 손자인 염조에게 이어진다. 염조는 세 아들을 두었다. 맏아들이 장(將), 둘째 아들이 숭(崧), 셋째 아들이 융이었다. 성품이 태강한 염조는 대인관계가 원만하지 못했다. 상대방과 문제가 생길 때마다 큰아들이 찾아다니며 뒤를 풀어주곤 했다. 그런데 큰아들이 일찍 죽어 훗날 문제가 발생했다.

〈일사유사〉의 집암공편 말미의 기록에 의하면 '심상 모(某)라는 사람이 일찍이 염조한테 학업을 배울 때 그 이름이 자기 아버지'와 같아서 고치기를 청하였으나 듣지 않자 대단히 못마땅하게 생각하여 그 밑을 떠났다. 나중에 '안찰사로서 평양 감영에 와 죄를 꾸며 가지고' 스승인 염조를 장살했다.4)

그런데 유교적 전통을 생명으로 알던 당시의 선비들은 스승을 임금이나 부친과 동일시(君師父一體)했다. 임금에 대한 존경심과 복종심을 부모와 스승에게까지 확대하여 자신을 양육한 부모와 자신을 가르친 스승도 영원히 감사하고 추념하는 것이 당시 선비들의 일반적인 풍습이라고 할 수 있다. 이것은 일반적인 동양인의 인생 철학이다. 이러한 정신이 발전하여 동양인의 신앙을 낳았다. '천지군친사'(天地君親師)라는 신앙이 그것이다.5)

이렇게 볼 때 제자가 스승에게 반발하여 그 밑을 떠났다는 것은 아무래도 미심쩍은 구석이 없지 않다. 황순원은 그 기록에서 의심나는 부분을 자신이 소장하고 있던 『백과사전』, 월탄이 소장하고 있던 일본말로 된 『조선인명사전』, 『조선사』 등을 참조하여 다음과 같은 전기를 작성했다.

심씨와 염조 선조는 소년 시절에 이름을 가지고 티격이 있었으나 그것으로 인해 아주 우정이 갈라진 건 아니었다. 그후 장성하기까지 여러 가지 일에 곧잘 충돌을 일으키면서도 친구의 의만은 끊어지지 않고 이어져 있었다. 염조 조선이 상경하게 되면 유하는 곳도 심씨댁이었다. 언젠가 성천 부사를 임명하게 된 것도 심씨댁에서 있었던 것이다. 그때도 심씨는 염조 조선의 처사에 못마땅한 생각이 들었다. 미간에 정기를 발하는 눈으로 염조 조선을 바라보았다. 염조 조선의 눈과 마주쳤다. 그러자 심씨는 언제나처럼 자기가 바라보고 있는 것은 염조 조선이 아니고 바로 자기 자신이라는 걸 느껴야만 했다.

홍경래란이 끝날 무렵 심씨가 안찰사로 평양 감영에 내려왔다. 그때 감영으로부터 심씨에게 민정 보고가 있었다. 거기에 염조 조선이 나라에 역심을 품고 있다는 말이 들어있었던 것이다. 홍경래가 아니라도 그 당시 서북 사람들은 중앙정치에 대해 불평과 불만을 품고 있었다. 서북 사람에 대한 대우 차별이 너무 심했던 것이다. 그저 이 불만과 불평을 표면에 나타내지 못할 뿐인 것이었다. 그러나 염조 선조는 성격상 참지 못하고 마구 관헌의 비위에 거슬리는 언동을 했다. 그러던 중 성천 부사 행차시에 담뱃대로 눈을 찌른 사건이 한층 관헌의 분개심을 돋구어놓았던 것이다. 이에 감영에서 당신을 모반자로 몰고 그 증거의 하나로서 위에 말한 시구절(不忍醒過滿月臺 차마 맑은 정신으론 만월대 앞을 지나기 힘들고나)을 제시했던 것이다. 그러면 그때 심씨의 태도는 어떠했던가. 그는 감영의 보고를 받자 미간을 한번 빛내고는 즉시 염조 선조의 장살을 명했던 것이다. 그리고 나서 비로소 그는 오랫동안 미루어오던 일에 오늘에야 종지부를 찍었다는 홀가분함을 느꼈던 것이다. 물론 그는 감영의 보고를 받지 않았다. 그렇다고 지난날 염조라는 이름으로 해서 품었던 앙심 같은 것도 개입돼 있지 않았다. 단지 이때 그의 머릿속에 꽉차 있었던 것은 황염조에게서 자기 자신의 모습이 그대로 보이는 데 대한 혐오뿐이었다. 황염조가 조정에 등용되었더라면 현재의 자기가 되었을 것이고, 자기가 야인으로 있었으면 지금의 황염조가 되었을 이 똑같은 두 사람. 그는 염조 선조의 존재가 다시없이 아껴지면서도 또한 그지없이 싫은 것이었다. 없애버려라.6)

여기서 작가는 황염조를 심상규와 동일시하고 있다. 심상규는 조선 시대 순조 때의 인물로 부친이 염조였다. 정조 13년에 문과에 급제한 후 34년에 영의정이 되었다. 삼조(正祖, 純祖, 憲宗)에 역임하면서 공로를 세웠으며, 독서인으로 시와 문을 잘하였고, 척독(尺牘)을 잘하였다.7) 그야말로 선비의 전형이라고 할 수 있다.

작가는 선비다운 심상규를 자신의 선조인 염조와 동일시함으로 해서 염조의 선비 기질을 은연중에 드러내려고 했다. 비록 장살을 당했지만 그 누구도 염조의 선비 기질을 부인하기는 어렵다. 아울러 철저한 연대 고증과 당시의 유교적 인간 관계를 토대로 그들을 사제지간이 아닌 친구 사이로 설정하였다. 상당히 설득력이 있는 재구성이다. 그러나 황순원의 글은 실화나 논픽션이 아닌 픽션일 뿐이다.

순승과 염조의 기질은 황순원의 조부와 부친에게로 이어진다. 조부 연기(鍊基)는 자녀 교육에 남달라 아들들을 모두 숭실중학교에 보내 신학문을 하게 했으며, 자녀의 훈육을 위하여 노환에도 흐트러짐이 없이 고고하게 살다가 타계한 선비이다. 조부의 인간됨과 성품에 대해서는 황순원이〈할아버지가 있는 데쌍〉에서 상당히 자세하게 기록하고 있다.

고희에 셋을 더 잡수셨던 할아버지께서 노환으로 자리에 누워 계신 동안, 당신은 한번도 가족을 괴롭히지 않으셨다. 첫째 당신께서 사용하시던 이부자리가 언제나 소정했다. 노환으로 눕게 되면 대개 자신도 모르게 대소변을 자리에 흘리게 마련이건만 당신께서는 요강에 대소변을 받아내기는 했으나 오줌 한 방울 요 위에 떨어뜨리는 법이 없으셨다. 노쇠하셨던 탓인지 소피보시는 시간이 길긴 했다. 요강에 부딪는 오줌소리는 들리지를 않고 그저 요강 밑에 미리 부어 넣어둔 맑은 물에 떨어지는 약한 오줌방울 소리가 끊일락 이을락 한참씩 시간이 걸리는 것이었다. 그러다가 분명히 소피가 다 끝나신 뒤에도 곧 요강을 치우지 못하게 하셨다. 부축은 받으신다 해도 쇠약해진 몸으로 요강을 끼고 앉았기에 힘드실 것이 틀림없으시건만 오줌 한 방울이라도 한데 흘리지 않으시려는 배려에서인 것이다.8)

할아버지께서는 별로 웃는 낯을 해 보이시는 일이 없으셨다. 더구나 파안대소하시는 걸 본 일은 한번도 없다. 그 대신 노하시는 것은 여러 번 보았다. 당신이 옳지 못하다고 생각하시는 일에 부닥치면 당장 칼로 베듯이 단정을 내리시곤 했다. 집안 사람과 다른 사람과의 사이에 무슨 일이 있었을 때에도 당신께서 집안 사람의 잘못이라고 생각될 경우에는 그 자리에서 이쪽을 꾸짖어버리는 것이다. 그 중에서도 당신이 가장 노하실 때는 둘째 작은아버지를 매로 다스릴 때였다. 둘째 작은아버지는 한때 난봉을 피워 집안 물건을 이것저것 집어 내가곤 했다. 그때마다 할아버지께서는 삼십이 넘은 장성한 아들을 말로 타이르는 법 없이 대뜸 몽둥이로 후려치곤 하셨다. 곁에서 보기에도 너무 지나치시지 않나 할 정도였다. 당신께서도 과했다는 생각이 드시는지 이런 일이 있은 후에는 며칠 동안 사랑방에서 담배만 피우시는 것이었다.9)

부친 찬영(贊永 : 1892년생)은 숭덕학교 고등과에 재직하다가 해직된 교사 출신의 지식인이다. 그는 자식들을 모두 신식학교에 보내서 공부하게 했다. 3·1운동 때는 거사를 성공적으로 이끌기 위하여 당시 평양기독병원에 위장으로 입원해 있던 남강 이승훈 선생을 안세환 씨와 함께 찾아가서 지령을 받고 거사에 참여한 열렬한 우국지사이기도 하다.

그는 당시 평양 시내에서 주로 태극기와 독립선언서를 배포하는 책임자로 활동했다. 우국충정에 불타던 학생들에게 태극기와 유인물을 나누어주면서 만약 일경에 붙잡히면 주저하지 말고 자신이 시켰다고 말하라고 했다. 만세사건이 끝난 다음 그런 사실이 발각되어 그는 1년 6개월의 옥고를 치른 바 있다.

아버지는 서울 서대문 형무소로 넘어가자 거기서 복역하는 일 년 반 동안을 같은 사건으로 들어온 박인관 목사(이분은 아직 기양이라는 곳에 살고 계신지?)와 이 맥고모자 뜨는 일을 한 것이었다. 아버지는 이 맥고모자를 떠서 출옥시까지에 오원 액수의 돈을 벌었는데, 이 돈에서 이원은 같은 날 출옥하는 어떤 사람에게 노자로 주고, 그리고 평양까지의 노비를 쓰고 집에 남겨온 돈이 칠십 전이었다는 이야기. 담배곽 붙이는 패에게 풀을 아껴 쓰고 남겨서는 같이 나누어 먹던 이야기. 둘이서 배나 가리울까 말까한 요로 겨울을 나면서, 밤마다 추위에 잠이 깨어서는 당신보다도 동지의 배를 애써 가리워주던 이야기. 옴들이 올라 긁다못해 진을 짜내면 그 진이 그냥 얼곤하는 감방에서 손이 자라지 않는 곳은 서로 번갈아 짜주던 이야기.

그때 같은 감방에 사상 관계로 들어온 사람으로 아버지와 박목사, 그리고 다른 두 청년이 있었다. 한 사람은 같은 3·1 관계로 남도 어느 시골에서 붙들려 들어온 청년이요, 다른 한 사람은 만주에 가있으면서 독립운동을 하다 잡혀 들어온 청년이었다. (중략) 만주 청년은 곧잘 여순감옥에서 사형을 받아 돌아간 안중근 의사를 두고 지은 노래라면서 노래를 불렀는데, 그것을 다른 셋이 배워 가지고 처음에는 입속으로 부르다 나중에는 그만 격하여 어느새 모두 소리를 내어 부르곤 해, 간수에게 하나하나 불리어나가 호된 매를 맞던 이야기. 그 노래를 아버지는 지금까지도 외고 계시다. ─ 공산명월 야심경에 슬피우는 소쩍새, 목의 피가 마르도록 저 달빛이 지도록, 소쩍새야 말 물어보자, 네가 고국산천 못 잊는 그의 혼이냐.[10]

감옥에서의 생활상이 소상히 드러나 있는데, 선비 기질이 어느 정도 드러나 있다. 황순원의 선비 기질은 조부와 부친으로부터 물려받은 바 크다. 그러나 그에 못지 않게 어린 시절의 체험이 크게 작용한 것으로 보인다. 8대 방조의 효성과 너그러움, 조부의 고고함, 아버지의 불굴의 정신과 투옥은 어린 소년에게 말을 아끼고 행동을 조신하게 하도록 했을 것이다. 더구나 그것이 서슬 퍼런 일제하의 삶이고 보면 두말할 나위가 없다.

황순원은 문단에 발을 들여놓은 이후 오늘에 이르기까지 초지일관 문학가로서의 외길을 걸어왔다. 권력과 출세에 초연하면서 이데올로기에 흔들리지 않고 선비의 이상과 덕목을 체득해 나갔다. 일제하에서 많은 문인들이 자의든 혹은 타의든 친일을 할 때도, 좌파가 문단의 헤게모니를 장악할 때도, 우파가 반공문학을 내세울 때도, 많은 문인들이 독재자의 하수인으로 전락할 때, 신춘문예 최종 심사에 제자의 작품이 끼어 있을 때도 그는 흔들림이 없이 의연하게 처신하면서 고고하게 문학가의 외길을 걸어왔다.

황순원은 1915년 3월 26일 평안남도 대동군 재경면 빙장리 1175번지에서 황찬영 씨와 장찬봉 여사의 2남 1녀 가운데 장남으로 출생하였다. 당시 부친은 평양 숭덕학교 고등과 교사로 재직하고 있었다. 교육자 집안이고 생활도 유복했다. 중학교 고학년들도 타보지 못하던 스케이트를 소학교 4학년 때 이미 타보고, 철봉·축구·유도도 즐겼다. 5학년 때는 숭실전문학교에 다니는 학생으로부터 바이올린 레슨까지 받았을 정도다.11) 일제 시대와 해방 전후 그리고 6·25 전쟁, 민족 분단기에 부모와 형제가 거의 함께 생활할 수 있었던 것도 유복한 가정 환경 덕이라고 할 수 있다.

그렇다고 그의 삶이 순탄한 것만은 아니었다. 5세 되던 해인 1919년 부친이 투옥되자, 집안에는 어둠의 그림자가 짙게 깔리고 어린 그의 내면에 고독증이 형성된다.

> 어머님께서 곧잘 손자들한테 이런 말씀을 하셨다. 내가 다섯 살 적에, 앞으로 어떻게 살아가나 하고 어머님이 걱정을 하실라치면, 내가 당나귀로 장사를 해서 돈을 벌겠다고 했다는 것이다. 그 시절이라면 아버님께서 3·1 운동 관계로 옥살이를 하실 때다. 나는 어머님과 단둘이 시골 고향에서 살았다. 지금도 생각난다. 어머님께서 혼자 김매시는 조밭머리 따가운 햇볕 아래서 메뚜기와 뻐꾸기 소리만을 벗하여 기나긴 여름날을 보내던 일…… 그리고 시력이 좋지 않으신 어머님을 모시고 다섯 살 짜리 내가 앞장을 서서 그 말스냥이가 떠나지 않는다는 함박골을 지나 외가로 오가던 일이…… 아마 나의 고독증은 이 시절에 길리워진 것인지도 모른다.12)

어린 시절의 고독증은 그를 문학의 길로 들어서게 했다. 문학의 무궁무진한 세계 속에서 그는 현실에서 갖지 못한 자신만의 세계를 만끽하게 된다. 비교적 어린 나이에 문학 활동을 열심히 하고 일본에 유학하고 있을 때 '동경학생예술좌'라는 연극 단체의 창립 멤버가 된 것도 따지고 보면 고독증에 기인한 바 크다.

7세 때인 1921년 평양으로 이사하여 9세에 숭덕소학교에 입학하며, 15세에 소학교를 졸업하고 정주 오산중학교에 입학한다. 여기에서 그는 남강 이승훈을 만난다. 조부와 부친으로부터 물려받은 선비 기질은 이승훈과의 만남을 통하여 더욱 확연하게 자리잡게 된다.

운명하시면서 당신의 유골로 표본을 만들어 설립교인 오산중학 표본실에 두어달라는 유언이었으나, 당시의 왜정은 그런 것조차 허락치를 않아, 우리 젊은 학도들의 가슴을 사뭇 끓게 한 남강 선생. 이분을 나는 내가 중학 일학년 한 학기를 오산중학에서 공부한 일이 있어 친히 뵈었다. 그때 이미 선생은 현직 교장으로는 안 계셨는데도 하루 걸러끔은 꼭꼭 학교에 오셨다. 언제나 한복을 입으신 자그마한 키, 새하얗게 센 머리와 수염, 수염은 구레나룻을 한 치 가량 남기고 짜른 수염이었다. 참 예쁘다고 할 정도의 신수시었다. 그때 나는 남자라는 것은 저렇게 늙을수록 아름다워질 수도 있는 것이로구나 하는 걸 한두 번 느낀 것이 아니었다. (중략) 선생은 학생들을 모아놓고 대뜸 이 자식들아, 스트라이크를 할 테면 큰 스트라이크를 해라. 이건 무슨 스트라이크냐. 이 변변치 못한 녀석들아![13)

인용한 글은 〈아버지〉의 일부이다. 여기에서 보면 이승훈을 통하여 발견한 선비의 기개와 아름다움은 그의 인생의 좌표가 되기에 족했다. 그러한 선비의 모습을 해방 후에 다시 발견하게 되는데, 그가 다름 아닌 부친이었다. 부친은 해방 직후 수감동지와 안국동에서 만나 '왜놈식의 무단정치가 이 땅에 다시 활개를 쳐서는 안' 되며, '3·1운동 때 일이 생각나 못견디겠더라'는 이야기를 순원에게 해준 바 있는데, 이 말을 듣고 '반백이 다 되신 머리를 바라보며 아버지도 늙으실수록 아름다워지는 유의 남자임'을 알았노라고 밝히고 있다.

남강과 부친을 같은 선상에서 다룰 수 있다. 남강과 부친은 준비론자이면서 실천적 지식인이다. 그들은 3·1운동 때 함께 거사를 준비한 동지이다. 출옥한 다음 그는 숭실중학 사감으로 있다가 조림 사업에 정열을 쏟았다. 남강과 부친의 선비 정신은 황순원에게 아름다움으로 다가왔다. 때문에 자신도 그러한 아름다움을 지니기 위하여 부단히 노력했으며, 노년기에 접어들어서는 자기 자신에게 절제된 몸가짐과 마음가짐을 당부하기도 했다.

나더러 늙으면서 점점 젊어져 간다는 말을 하는 사람이 있다. 인사치레로 듣기 좋게 하는 말일 것이다. 물론 젊음이란 아름답다. 젊음이 지닌 방황과 오뇌마저도 아름답다. 그러나 늙음 속에는 이미 그러한 젊음을 비롯해 많은 값을 치르고야 얻을 수 있는 것들이 간직돼 있어서, 이 늙음을 단지 젊음과만 맞바꿀 수는 없지 않은가 하는 생각을 해본다.[14)]

절제하고 성실한 그러면서도 단아하고 고고한 선비상이 구체화된 것은 아마 그 즈음이 아닌가 한다. 그런데 한 학기를 마친 다음 건강 때문에 평양에 있는 집으로 올라와서 지내다가 그해 9월 숭실중학으로 전학한다. 그는 어린 시절부터 소화불량에 시달리곤 했는데, 그 때문에 12살 때부터 소주를 마시기 시작했다. 소주 애호가인 그는 학창 시절에 두 홉 정도의 주량을 일정하게 유지하였다고 한다.

숭실중학으로 전학하던 해 광주학생사건이 일어났다. 10월 30일 오후 광주를 떠난 통학열차가 나주역(羅州驛)에 도착했을 때 광주중학 3학년인 후쿠다 슈조(福田修三) 등이 광주여고보 3학년인 박기옥(朴己玉) 등을 희롱하였다. 이를 목격한 박기옥의 사촌동생 박준채(朴準埰) 등은 후쿠다를 후려쳤다. 그리하여 편싸움이 벌어졌다. 이 싸움은 11월 1일에도 계속되었다. 3일 오전 11시경에 광주중학의 일본인 학생과 광주고보의 한국인 학생 간에 또 충돌이 일어났다. 이때 광주고보 학생 중 일부는 왜곡 보도를 한 일본어 신문인 《광주일보》 본사를 습격하여 그 윤전기에 모래를 끼얹었다. 이리하여 이 충돌은 호남 일대의 한국인과 일본인 학생 간의 충돌로 발전하였다. 광주의 학생들은 서슴없이 '조선독립만세'를 외쳤으며, 독서회의 지도자들은 학생들의 항일투쟁을 후원하였다. 학교와 경찰에서는 강온 양면정책을 써서 사태를 수습하려 하였으나 실패하였다. 이후 탄압정책을 강화하여 광주고보와 광주농업학교의 학생들을 구속하였다. 그 결과 광주학생 시위는 서울, 개성, 부산, 진주, 청주, 공주, 대전, 홍성, 예산, 조치원, 부여, 전주, 정읍, 고창,

이리, 평양, 신의주, 정주(定州), 선천(宣川), 영변(寧邊), 함흥, 원산, 경성(鏡城), 회령, 청진, 대구, 춘천, 해주, 사리원 등 각지로 번져 수많은 학교가 광주학생운동에 호응하여 궐기하였다. 광주학생운동은 1919년 3·1운동 이후, 젊은 학생들을 통하여 항일독립정신이 다시 한번 분출된, 독립운동사상 격렬하고 힘찬 운동이었다.

 순원은 이 운동에 참여한 바 없다. 그러나 남강과 부친의 영향으로 민족적 울분을 문학을 통하여 해소한 것으로 보인다. 이듬해인 1930년부터 그는 열심히 시를 쓰기 시작한다. 1931년에는 시 〈나의 꿈〉(1931. 7)과 〈아들아 무서워 마라〉(1931. 9)를 『동광』에 발표하여 문단에 데뷔한다. 두 작품의 전문은 다음과 같다.

   꿈! 어제밤 나의꿈
   異常한 꿈을 꾸엇노라
   世界를 짓밟아 문질은후
   生命의꽃을 가득이 심으고
   그속에서 마음껏 노래를 불렀노라

   언제든지 잊지못할 이꿈은
   깨여 흐터진 이내머리에도
   굳게 못박혓노라
   다른모든 것은 世波에 스치어도 나의 憧憬의꿈만이 存在하나니……15)

   暴風雨가 地動치는 깊은밤에

아버지가 자식을 업고
어머니를 기다리고 있을 때
暗黑한帳幕이 휩싸인 뜰가운데로
奇怪한 물건이 지나갔다.
  오, 아버지! 들어갑시다.
     무서운 惡魔가 뜰 앞에 숨어
     우리들을 엿보고 잇지안씁니까
  아들아! 무서워마라
     그것이 고양이의 장난뿐이다.

그러나 자식은 恐怖에 싸이어
어버이의 등에 밧삭 붙어서
아니오는 어머니로 걱정할 때에
언 듯 자식의 손에 感觸된 것은
어버이의 긔운없이 뛰는 心臟이었다.
  오, 아버지! 들이것 보세요
     어찌하여 가슴은 뼈만 남았고
     높이 뛰어야할 血脈이 뛰지 않습니까?
  아들아! 念慮마라
     그속에는 산피만이 뛸 뿐이다.

아버지는 자식을 업은 채로
어머니를 찾으려
쏘다지는 소낙비 속으로
앞으로 걸갈 때
문득 아버지의 두 다리는 힘없이 떨렸다.
  오, 아버지! 알았소이다.
     저를 아버지 등에서 내려 주소서.
     이저는 아무것도 무섭지 않습니다.

아들아! 사랑하는 아들아!
나를 업어라, 억세인 너의 등에 업히고싶다.16)

이 두 편의 시에서 우리는 그의 정신적 편력을 엿볼 수 있다. 〈나의 꿈〉에는 그를 짓누르고 있는 민족과 역사에 대한 부채 의식이 잘 나타나 있다. 잠재 의식이 된 그의 이상은 '세계(世界)를 짓밟아 문질은후 / 생명(生命)의꽃을 가득이 심고 / 그 속에서 마음껏 노래를 불렀노라'라는 시행에 잘 나타나 있다. 현재의 상황은 그와 거리가 먼 것이기에 그는 어젯밤에 꾼 꿈을 '이상(異常)한 꿈'이라고 밝히고 있다. 그러나 그 꿈은 언제든지 잊을 수 없는 '나의 동경(憧憬)의 꿈'으로 자신의 머리에 굳게 잠재된 꿈이라고 덧붙이고 있다.

〈아들아 무서워 마라〉에서는 좀더 구체적으로 당대의 상황과 자신의 의지가 드러난다. '폭풍우'(暴風雨), '암흑(暗黑)한 장막(帳幕)', '기괴(奇怪)한 물건', '무서운 악마(惡魔)', '고양이', '쏘다지는 소낙비' 등은 폭압적인 당대의 현실의 상징물들이고, 거기에서 공포에 떨고 있는 것은 시적 자아이다. 시적 자아에 대하여 아버지는 끊임없이 용기를 심어 주고 있으며, 최후에는 그 자식을 통하여 자신의 꿈을 실현하고자 한다.

1932년에는 시 〈넋 잃은 그대 앞가슴을 향하여〉를 『동광』문예 특집호에 수록하면서 주요한으로부터 김해강, 모윤숙, 이응수와 함께 신예 시인으로 소개되었다. 이후 『동광』을 주무대로 하여 활발하게 시작 활동을 하였다. 1934년 숭실중학교를 졸업하고, 일본 와세다 제2 고등학원에 입학하였다. 이 시기에 극예술운동에 관여하며, 양주동의 서문, 머리말, 27편의 시로 이루어진 첫 시집 『방가』를 이 단체의 명의로 출간하였다. 〈1933년의 수레바퀴〉의 일부를 살펴보면 다음과 같다.

그래 1933년의 수레바퀴가 험악한 행진곡을 울린다고
젊은 우리는 마지막 퇴폐한 노래만 부르다가 길가에 쓰러져야 옳은가
이것으로 젊은이의 종막을 내려야만 되는가
이 가슴 아파라 핏물이 괴는구나
울고 울어도 슬픔을 다 못 풀 이날의 현상.

그러나 젊은이여 세기의 지침을 똑바로 볼 남아여
화장터에 솟는 노오란 연기를 무서워할 텐가
오늘 우리의 고통은 보다 더 빛나고 줄기찬 기상을 보일 시련인 것을
자 어서 젊은 우리의 손으로 1933년의 수레바퀴를 힘껏 돌리자
괴로운 역경을 밟고 넘어가
억센 자취를 뒤에 남기도록

양주동은 서문에서 이상 세계와 현실 세계의 모순을 침통하지만 '소박하고 건전'하게 그러면서도 '희망과 정열'을 노래했다고 했다.17) 황순원은 당시의 암울한 사회적 분위기 속에서 선비 기질을 유감없이 토해 내고 있었던 것이다. 그런데 그해 여름 방학을 즈음하여 귀국했다가 평양 경찰서에서 29일간 구류를 당한다. 죄목은 조선 총독부의 검열을 피하기 위해 시집 『방가』를 동경에서 간행한 점이었다. 그해 1월 당시 일본 나고

동경 유학시절 부인과 함께(1934년 6월 8일)

야 금성여자전문의 학생이던 양정길과 결혼하여 귀국했다가 당한 봉변이었다.

　같은 해 10월 신백수, 이시우, 조풍연이 주도하던 『삼사문학』의 동인으로 참가하였다.

　1936년에는 와세다대학 제2고등학원을 졸업하고, 와세다대학에 입학하였다. 이때 동경에서 발행되던 『창작』의 동인으로 참여하여 〈도주〉, 〈잠〉 등을 발표하기도 하였다. 5월에는 두 번째 시집 『골동품』을 출간하였다. 동경예술좌에서 간행한 이 시집에는 22편의 시를 수록하였는데, 사물에 대해 기지 넘치는 상상력을 만날 수 있다. 아울러 당대 현실에 대한 인식도 어느 정도 엿볼 수 있다.

　　　슬픈 일을 태우려
　　　담배를 뻐끔여 온 때문에
　　　인제는 대만 물면
　　　슬픈 일이 날아와 빠작인다

　인용한 시는 〈담뱃대〉의 전문이다. 여기에서 우리는 동경에서의 유학 생활의 단면을 엿볼 수 있다. 아울러 그가 왜 시에서 소설로 방향 전환을 했는가에 대한 추정도 해볼 수 있다. 당대의 현실이 서정적 그릇에 담기에는 너무 타락하고 비인간적이었던 것이다. 그는 1937년에는 단편소설 〈거리의 부사〉를 집필하여 『창작』 제 3 집에 발표하고, 1938년에는 소설 〈돼지계〉와 시 〈과정〉, 〈행동〉을 『작품』 제 1 집에 발표하였다.

와세다대학을 졸업한 다음해인 1940년 8월에는 소설을 쓴 지 3년 만에 첫 단편집 『황순원단편집』을 한성도서에서 출간하였다. 후에 『늪』으로 개명된 이 작품집에는 13편의 단편소설이 실려 있는데, 당대의 현실에 적응하지 못하는 젊은이들의 내면세계와 애정의 문제를 상당히 서정적으로 묘사하고 있다. 작가 스스로도 '시가 없어 뵈는 나 자신에 대해 소설로써 내게도 시가 있다는 확인을 해 보인 것'이라고 「자기 확인의 길」에서 밝히고 있다.

그해 여름 그는 인생의 동반자라고 할 수 있는 원응서를 평양 기림리 모래터의 서재에서[18] 만났다. 그들의 우정은 단편 〈마지막 잔〉(1974)에 잘 나타나 있다. 원응서는 릿교대학(立敎大學) 영문학부를 졸업하고 집에 와 있었다. 그들은 해방 전 암담한 시기에 술을 마시면서 세상 돌아가는 형세와 문학 이야기로 울분을 삭이곤 하던 인생 친구였다. 일제의 조선어말살정책으로 발표할 길이 없던 소설을 열심히 읽고 들어주던 유일한 독자이며 청자가 바로 소주잔을 맞든 원응서였다. 술을 먹어도 주량 이상으로 마시지 않은 점이나 발표할 지면도 없으면서 작가로서의 본분인 창작의 열정만큼은 숨기려 하지 않은 점은 작가로 인생의 목표를 설정한 그가 자신의 본분을 다하고자 하는 성실함과 고집스러움의 단적인 모습이다.

 1941년 2월에는 〈별〉을 『인문평론』, 1942년 3월에는 〈그늘〉을 『춘추』에 발표하였다. 이후 집중적으로 소설을 집필하였으나 일제의 조선어말살정책으로 작품을 발표할 기회가 없었다. 혼란스럽고 어수선한 도시를 떠나 1943년 고향인 평남 대동군 빙장리로 돌아간 그는 결코 좌절하지 않고 우리말로 작품을 꾸준히 집필하였다. 이때 쓴 작품들이 〈기러기〉, 〈병든 나비〉, 〈애〉, 〈머리〉, 〈황노인〉, 〈세레나데〉, 〈노새〉, 〈맹자할머니〉, 〈물 한 모금〉, 〈눈〉, 〈독 짓는 늙은이〉 등이다.

 생계와 작품에 대한 열정으로 많은 문인들이 일본어로 작품을 쓰고 친일적인 행각을 벌인 것에 비하면 대단히 다행스러운 일로 보인다. 그런데 그것은 단순히 운이 좋아서라고 말하기에는 무언가 석연치 않은 점이 있다. 경제적으로 어려움이 없어서였던가? 그렇다고 하더라도 작품의 생산이 발표를 전제로 하는 것이고, 당대의 상황은 한치 앞이 보이지 않는 극한 상황이었다. 그렇다면 역사를 제대로 인식한 데 기인한 것인가? 해방이 올 것으로 확신한 때문인가? 그에 대하여 작가는 어떠한 언급도 하고 있지 않다. 그럼에도 그는 일제 관헌의 의심의 눈총을 받아가면서까지 고향에 머물면서 우리말로 된 소설을 썼다. 그것은 자신을 지키고 우리를 지키고 나라와 민족의 혼을 지키는 행위였는지도 모른다.

 곧 예삿 사람으로는 더 견딜 수 없는 뜨거운 데까지 이르렀다. 그런데도 송 영감은 기기를 멈추지 않았다. 그렇다고 그냥 덮어놓고 기는 것은 아니었다. 지금 마지막으로 남은 생명이 발산하는 듯 어둑한 속에서도 이상스레 빛나는 송 영감의 눈은 무엇을 찾고 있는 것이었다. 그러다가 열어젖힌 곁창으로 늦가을 맑은 햇빛 속에서 송 영감은 기던 걸음을 멈추었다. 자기가 찾던 것이 예 있다는 듯이. 거기에는 이번에 터져나간 송 영감 자신의 독 조각들이 흩어져 있었다.
　송 영감은 조용히 몸을 일으켜 단정히 무릎을 꿇고 앉았다. 이렇게 해서 그 자신이 터져나간 자기의 독 대신이라도 하려는 것처럼.19)

　원응서가 지적했듯이 황순원은 내적 절규로 이 작품을 썼는지 모른다.20) 그의 절규는 있는 그대로 드러나는 법이 없다. 늘 상징적으로 처리하고 있다. 송 영감의 장인 정신도 상징적인 장치로 볼 수 있다. 여기에서 우리는 작가의 인생관과 삶의 자세를 읽어낼 수 있다. 죽음에 임박해서도 흐트러짐이 없이 본래의 자신의 자리를 지키겠다는 굳은 의지가 있었기에 식민지 질곡 속에서 친일의 길이 아닌 정도(正道)를 걸을 수 있지 않았겠는가? 그것은 절제된 선비 정신을 지닌 자만이 할 수 있는 일이다.

　그 무엇보다도 내가 엄격했던 것은 내 작품에 대해서이다. 나 자신의 편안함이나 금전을 위해서 내 마음속에 있는 독자에게 실망을 준 작품은 쓴 적이 없다. 앞으로 혹시 다시 소설을 쓰게 되더라도 그런 타협은 하지 않을 것이다.21)

　해방 후 평양으로 돌아온 그는 정의여학교 국어교사로 취직하고, 해방의 기쁨에 젖어 〈그날〉을 비롯한 몇 편의 시와 〈술〉을 비롯한 몇 편의 소설을 썼다. 그런데 북에서의 해방은 진정한 의미의 해방이 아니었다. 지주계층의 청년 황순원은 신변의 위협을 시시각각 느끼게 되었다. 대전지검에 검사로 재직하고 있던 아들의 생사가 걱정이 되어 월남한 장인의 권유로 황순원의 부친은 가족들과 월남을 상의하였으나 삼촌 찬옥, 찬정, 찬명은 반대의 뜻을 보였다. 1946년 3월 부친은 먼저 월남하여 황순원의 장인 양석렬을 만나 같이 지내게 되었고, 순원의 가족은 1946년 5월에 월남을 결행하였다.

월남한 그해 9월 그는 서울고등학교 국어교사로 취임하고, 시와 단편소설들을 계속해서 발표하였다. 남한만의 대한민국 정부가 수립되던 1948년에는 해방 후 발표한 단편소설만을 모아 단편집 『목넘이 마을의 개』를 육문사에서 간행하였다. '목넘이 마을'은 외가가 있던 평안남도 대동군 재경면 천서리이다. 여기에 수록한 7편의 소설들은 자전적 소재를 중심으로 일제하와 해방기의 혼란한 사회 속에서의 황폐한 삶의 모습을 담고 있다.

  그런데, 아, 큰일이다. 바우의 눈앞에는 그 무서운 총대 앞에 아버지와 동네 사람들이 나가쓰러지는 모양이 떠오르는 게 아닌가. 그러는 아버지와 동네 사람들의 눈에 빛나는 게 있었다. 눈물이었다. 그리고는 모두 꿈틀거린다. 마치 지렁이도 밟히면 꿈틀거린다는 듯이. 그리고 모두 울부짖는다. 이대루 가단 아무래도 다 굶어죽을 목숨여. 누가 공출을 안 하겠다는 건 아니여. 공평하게 해달라는 것이지.[22]

인용한 글은 〈황소들〉의 한 대목이다. 공출에 대한 농민들의 분노가 지주와 사회적 모순에 대한 반발로 이어지고 있는데, 이를 통하여 작가의 현실 인식을 어느 정도 엿볼 수 있다. 그의 작품에서 드물게 볼 수 있는 현실의 모순에 대한 직접적인 반응이 드러난 대목이다. 그렇지만 적극적인 대항 의지를 보여주고 있는 것은 아니다. 그저 '황소들'처럼 묵묵히 행동하고 있는 인물들이 등장하고 있을 뿐이다.

〈목넘이 마을의 개〉는 다른 어떤 작품보다도 당대 현실에 대한 비판과 화해와 공존에 대한 열망이 여실히 드러나고 있다. 선비 기질과 지식인적 세계 인식으로 당대의 현실에 적극적 저항을 보여주지는 않고 있다. 그러나 당대 현실에 일정한 거리를 유지하면서 현실의 모습을 서정적으로 그리고 있는 것이다.

일제 말기에서부터 해방 직후까지의 참담한 시대상을 통해 민족의 수난사를 담은 장편소설 〈별과 같이 살다〉를 1947년부터 부분적으로 독립시켜 잡지에 발표하기 시작하다가 6·25가 발발하기 바로 전인 1950년 2월 정음사에서 간행하였다. 황폐하고 부정적인 현실의 모습이 이전의 작품에서보다 더욱 확장되고 있다. 6·25 전쟁을 전후해서는 그의 작품에 현실의 모순과 황폐한 삶이 더욱 직접적으로 드러나기 시작한다. 서정적 현실 인식이 차츰 장편소설이라는 형식을 통해 서사적인 모습으로 변모되어 간다.

1952년에는 6·25 이후에 쓰여진 8편의 작품을 모아 단편집 『곡예사』를 간행한다. 표제 작품인 〈곡예사〉는 식솔을 데리고 대구와 부산으로 피난 가서 겪은 일을 형상화한 자전적 소설로 보인다. 그와 가족들의 전란으로 인해 겪은 피난 생활의 참담함과 어려움이 잘 나타나 있다.

> 애들 이모가 어둠 속에서 소리를 죽여가며 운다. 내 가슴속도 화끈 불이 붙는 걸 느낀다. 그건 대구서 선아의 고무신 한 짝을 잃었을 때에 느꼈던 분노와는 또 달랐다. 그러나 그들이 여하한 전술을 바꿔 가지고 나오더라도 우리가 여기 있는 동안 참는 수밖에 없다. 그저 그 전술을 최대한 피할 도리를 강구하면서.23)

1953년 5월에는 단편 〈학〉, 〈소나기〉를 발표하고 9월에는 그의 두 번째 장편인 〈카인의 후예〉를 『문예』에 연재하기 시작한다. 〈카인의 후예〉는 다음해에 중앙문화사에서 단행본으로 출간되었다. 이 작품은 해방 직후 북한에서 실시된 혁명운동, 지주 계급이 받은 탄압, 지주와 소작인의 갈등과 그들의 끈끈한 인간애 등을 형상화하고 있다. 그런데 상당 부분에 걸쳐 집안의 자전적인 요소들이 포함되어 있다. 이 작품으로 그는 1955년에 아세아 자유문학상을 수상한다.

1955년에는 서울고등학교를 사직하고, 세 번째 장편소설인 〈천사〉를 『새가정』에 연재하기 시작한다. 1957년에 그것을 단행본으로 묶어 제목을 『인간접목』이라고 바꾸어서 출간했다. 6 · 25의 민족적인 비극을 본격적인 장편소설로 담아낸 첫 작품이다. 1953년에서 1955년 사이에 씌어진, 전쟁과 전쟁 이후의 상황을 담고 있는 소설 14편을 『학』이라는 제목으로 묶어서 1956년에 중앙문화사에서 간행하였다.

1957년 4월 경희대학교 문리대의 조교수로 취임한다. 이후

20년 이상 교수로 재직하면서 문학의 외길을 묵묵히 걷게 된다. 그가 가르친 많은 제자들이 현재 문단에서 활발하게 활동하고 있다. 전상국, 조세희 등은 손꼽히는 그의 제자 소설가들이다. 1958년에는 중편 〈내일〉과 단편소설 5편이 실려 있는 『잃어버린 사람들』을 출간하였다.

1960년에는 장편 〈나무들 비탈에 서다〉를 『사상계』에 연재하기 시작하고 그해 9월에 단행본으로 간행한다. 이 작품은 연재 당시 주인공을 자살하는 것으로 처리하였으나, 단행본으로 내면서 정신적 구원 가능성을 암시하는 것으로 수정하였다. 전쟁터로 내몰린 젊은이들이 극한 상황 속에서 인간의 내면에 존재하는 죄악을 발견하고 괴로워하지만 출구를 찾지 못하다가 급기야 자기 파괴로 치닫는 현상을 보여주고 있다. 순수함의 표상인 동호는 어머니의 전형인 숙에게 의존하여 악한 주변으로부터 자신을 지켜내려 하지만 무기력하게 무너진다. 현태는 극한 상황을 누구보다도 대담하게 돌파할 수 있는 영웅주의적 사고를 가진 자이지만 내면 깊이 숨겨진 죄의식의 표출로 술과 여자로 도피하고 만다. 작가는 구원의 실마리를 숙에게서 찾는다. 결국 현태의 아이를 낳아 기르겠다는 결심을 하게 만든다. 전쟁의 피해자들을 감싸 안을 수 있는 것은 모성적 사랑밖에 없었던 셈이다.

이 외에도 황순원은 끊임없이 자신의 작품을 개작한 작가로 알려져 있다. 「말과 삶과 자유」에서도 밝히고 있듯이 〈인간접목〉에서 곰 새끼의 이야기가 미심쩍어 빼버린 것이나 전집에 실으면서 시집 『방가』에 수록된 작품 12편을 삭제한 것을[24] 보면 그는 나름대로의 절제와 완벽을 추구하는 모습을 엿볼 수 있다.

〈잃어버린 사람들〉로 작가는 예술원상을 수상하게 되었으며 그 작품에 대한 백철의 평에 대해 두 차례의 논쟁을 벌인다. '비평에 앞서 이해를'(≪한국일보≫, 1960. 12. 15)과 「한 비평가의 정신 자세 ― 백철 씨의 소설작법을 도로 반환함」(≪한국일보≫, 1960. 12. 21)이 그것이다.

1962년 1월부터 1965년 1월까지 『현대문학』에 단편 〈일월〉을 연재하였다. 제 1 부는 1월부터 5월까지, 제 2 부는 10월부터 1963년 4월까지, 제 3 부는 1964년 8월부터 1965년 1월까지 발표하였다. 이 작품은 〈나무들 비탈에 서다〉의 좌절 의식과 〈움직이는 성〉의 구원의 미학을 이어주는 교량적 역할을 하고 있다.[25] 상처받은 개인의 구원 문제가 한국인의 보편적 구원 문제로 확대되어 나가는 〈움직이는 성〉의 예비적 단계의 작품이다. 전통적으로 가장 천대받는 하층 계급인 백정이라는 신분에서 오는 소외감과 숙명적 고독을 어떻게 극복하고 수용하는가를 다루고 있다. 주인공 인철의 고뇌와 방황을 통하여 백정이라는 인간 조건에 대응하는 다양한 삶의 양상을 조명하면서 인간 구원의 길을 내적으로 모색하고 있다. 이 작품을 쓰면서 작가는 엄청난 양의 자료 조사를 한 것으로 전해지고 있다.

작가가 〈일월〉을 쓰기 위해 자료를 수집한 노트가 세 권이나 된다. 그 수집된 자료를 다 쓴 것은 아니고 수집된 자료의 약 삼분의 일 정도도 못 될 만큼이 제재로 쓰이지 않았나 한다. 자료를 수집하고 문헌을 찾아보고 사학과 교수들과 이야기하는 것을 옆에서 지켜보고, 소설가가 아니라 사학가나 민속학자가 논문을 쓰기 위해 자료를 수집하는 것 같은 인상을 여러 번 받았다.[26]

황순원의 성실한 작가적 면모를 엿볼 수 있는 증언이다. 자료 수집에 나타난 성실성이 여기에 그치는 것은 아니다. 거의 대부분의 작품을 집필하면서 그는 치밀한 사전 계획과 꼼꼼한 현장 조사를 병행하고 있다. 아울러 자기 자신에게 지나칠 정도로 엄격하고 절제된 마음가짐을 유지하고 있는데, 그 좋은 예가 신춘 문예 최종 심사에 제자의 작품이 끼어 있을 때 그가 보여준 태도이다.

    황 선생님과 신춘문예 심사를 하는데, 최종심에 두 편 남았어요. 그 작품을 놓고 당선작을 고르는데, 내가 선생님 어떤 게 좋습니까 하고 물으니까 황 선생님은 자꾸 나보고 골라보라는 거예요. …… 그래서 나는 황 선생님께 신춘문예 당선작은 장래성보다는 소설로서 완벽한 것을 골라야 하므로 뱃사람 얘기를 선택하고 싶다고 말씀드렸지요. …… 결국 뱃사람 얘기가 결정됐지요. 그런데 그 직후 잡담을 하는 중에 황 선생님께서 "내가 왜 결정을 안 했느냐 하면, 군대 물을 쓴 작자는 내 제자였기 때문이야"라고 말씀하시는 거였어요.27)

김동선이 홍성원과의 대담을 기록한 이 글에는 절제와 성실성을 생명으로 하는 선비 정신이 그대로 드러나 있다. 이후 황순원은 거의 매달 각종 문예지에 단편소설을 지속적으로 발표하기 시작하고 여러 전집에 그의 작품이 수록되기도 하고 외국어로 번안되기도 한다. 같은 해에 생존 작가 최초의 전집인 『황순원전집』 6권을 창우사에서 간행하였다.

활발한 활동과 원숙한 활동으로 그의 문학이 더욱 전진하던 시기에 그는 부모와 친구를 잃는다. 1972년에는 부친상을, 1973년에는 친구 원응서의 죽음을, 1974년에는 모친상을 당한다. 그러한 와중에도 그는 꾸준히 창작활동을 유지하여 여섯 번째 장편 〈움직이는 성〉을 출간한다. 1968년 5월부터 거의 5년여에 걸쳐 여섯 번째 장편 〈움직이는 성〉을 『현대문학』에 연재한 것이다. 작가는 홍여사와 윤성호, 남지연과 함준태, 최은희와 송민구의 사랑을 통한 구원의 문제를 다루고 있다. 이 작품에는 어둠, 슬픔, 고통 속에서도 현실을 극복하려는 긍정적 시각이 내포되어 있다. 또한 소외된 사람들의 세계를 끊임없이 응시하여 작가의 역사 의식을 작품 속에 투영하고 있다. 또한 모성을 통한 구원이 윤성호의 내면에서 이루어지고 있다. 따라서 작가의 휴머니즘 사상이 돋보이는 작품이라고 할 수 있다.

  1976년에는 1965년부터 1975년 사이에 발표한 21편의 작품을 수록한 작품집 『탈』을 간행하는데, 대부분의 작품이 죽음과 노인 문제와 관련이 있는 것들이어서 50대의 노년기로 접어든 작가의 속내를 느낄 수 있다. 이후 작가는 문예지에 시를 간간이 발표하다가 1978년 계간 『문학과지성』 봄호에 마지막 장편인 〈신들의 주사위〉를 연재하기 시작한다. 이 작품은 농촌의 소시민과 중산층의 가정의 모습을 통해 교육, 공해 등 현대 사회의 문제를 복합적인 시각으로 담아내고 있다. 이 작품으로 작가는 1983년 대한민국문학상 본상을 수상하게 된다.

1983년 대한민국문학상 본상을 수상하고 부인과 손녀와 함께

1984년 부부 동반으로

미국과 유럽 등지로 여행을 다녀왔고 이후에는 시작품만을 간간이 발표한다. 1985년부터 1988년까지 여섯 차례에 걸쳐 〈말과 삶과 자유〉라는 수필 형식의 짧은 글을 『현대문학』에 발표하여 작가의 세계와 인간에 대한 깊이 있는 생각을 이해하는 계기를 만들어 주고 있다.

> 피사의 사탑이 기울어졌지만
> 바라보는 각도에 따라
> 별로 기운 것 같지 않기도 하고
> 아주 기울어 금방이라도 쓰러질 것만 같기도 하다.
> 내 시각에 의하면
> 피사의 사탑을 보기 전 이미 거쳐온 밀라노도 기울었고
> 피사의 사탑을 보고 난 뒤 거친
> 로마도 플로렌스도 베니스도 다 기울어 있었다.

〈기운다는 것〉의 일부인 이 시 속에서 작가는 세계에 대한 다면적인 인식을 보이면서 예술, 문명, 역사와 삶 사이의 상관성을 생각하고 있다. 나 이외의 타자 즉, 세계와의 관계 속에서 자신의 존재를 확인하고자 했던 작가의 관심세계가 확대되기는 했지만 여전히 유지되고 있음을 느낄 수 있다.

1992년 9월에는 시 〈산책길에서 1〉, 〈산책길에서 2〉, 〈죽음에 대하여〉, 〈미열이 있는 날 밤〉, 〈밤 늦어〉, 〈기쁨은 그냥〉, 〈숫돌〉, 〈무서운 아이〉를 『현대문학』에 발표하여 지금까지의 문학 활동을 마무리하고 있다. 이들을 통하여 그가 여전히 사회와 시대적 변화에 나름대로 관심을 가지고 있으며 그것으로 문학적 수용을 이뤄 내고 있음을 알 수 있다. 그것들 속에서 우리는 작가의 삶과 세상에 대한 노련함과 원숙함을 느낄 수 있다.

|주 해|

1) 이장희(1986), 「조선시대 선비 연구」, 성균관대학교 박사학위청구논문, p. 3.
2) 황순원(1992), 『너와 나만의 시간/내일』, 『황순원전집 4』, 문학과지성사, pp. 135-136.
3) 황순원(1992), pp. 136-142.
4) 황순원(1992), p. 144.
5) 國立編譯館(1996), 『中國的風俗習慣』, 正中書局, pp. 17-19.
6) 황순원(1992), pp. 154-155.
7) 황순원(1992), pp. 150-151.
8) 황순원(1992), pp. 155-156.
9) 황순원(1992), pp. 156-157.
10) 황순원(1980), 『황순원전집 2』, 문학과지성사, pp. 158-159.
11) 황순원(1993), p. 191.
12) 황순원(1993), p. 192.
13) 황순원(1980), pp. 156-157.
14) 황순원(1985), 『말과 삶과 자유』, 문학과지성사, p. 28.
15) 〈나의 꿈〉, 『동광』, 1931. 7.
16) 〈아들아 무서워 마라〉, 『동광』, 1931. 9.
17) 양주동(1993), 「序」, 『황순원 연구』, 문학과지성사, p. 211.
18) 원응서(1993), 「그의 인간과 단편집 〈기러기〉」, 『황순원 연구』, 문학과지성사, p. 157.
19) 황순원(1980), 〈독 짓는 늙은이〉, 『황순원전집 1』, 문학과지성사, p. 377.
20) 원응서(1993), p. 163.
21) 송하춘(1995. 봄), 〈문을 열고자 두드리는 사람에게 왜 노크하냐고 묻는 어리석음에 대하여〉, 『작가세계』, p. 65.
22) 황순원(1973), 〈황소들〉, 『황순원문학전집』 제4권, 삼중당, pp. 269-270.
23) 황순원(1993), 〈곡예사〉, 『황순원전집 2』, 문학과지성사, p. 268.
24) 황순원(1985), 『말과 삶과 자유』, 문학과지성사, pp. 28-29.
25) 성민엽(1993), 「존재론적 고독의 성찰」, 『황순원 전집 8』, 문학과지성사, p. 455.
26) 서정범(1985), 「그 따스한 햇볕」, 『말과 삶과 자유』, 문학과지성사, p. 47.
27) 김동선(1985), 「황고집의 미학, 황순원 가족」, 『황순원연구』, 문학과지성사, p. 170.

서울 사당동 예술인 마을에 살 무렵에(1975년)

고희 기념식장에서, 왼쪽부터 홍성원, 김병익, 한 사람 건너 조태일, 서기원, 이호철, 전상국 그리고 황순원과 그의 아내

아들 황동규 시인과 함께

# 3
# 작품 세계

## (1) 부 의식의 상실과 전통 지향성

　식민지 시대를 살아온 지식인의 갈등과 고뇌는 동시대를 살아가는 우리와 상당한 차이가 있을 것이다. 나라를 빼앗기고 외국인의 지배를 받아가면서 그것을 순순히 받아들이는 일이 말처럼 그렇게 쉽지는 않았을 터이다. 특히 동족의 수난의 현장을 둘러본 사람들이라면 민족적 울분을 직접 토로하거나, 그렇게 하지는 않았을지라도 그것을 가슴 깊이 묻어 두었을 가능성이 크다. 황순원의 경우도 예외는 아니다. 여기에서 우리는 식민지 시대를 살아간 지식인 작가의 한 사람인 염상섭의 「문학소년 시대의 회상」에 주목할 필요가 있다.

　당시의 우리나라 사정이 청소년으로 하여금 소위 청운의 지(志)를 펼 만한 야심과 희망을 갖게 할 여지가 있었더라면, 아마 10

중 8, 9는 문학으로 달려들지 않고, 이것은 한 취미로, 여기로 여겼을지 모른다. 그러나 문학적 분위기와는 담을 싼 숙조 삭막하고 살벌한 사회 환경이나 국내 정세와 쇄국적 봉건적 유풍에서 자라난 소년이 문학의 인간적인 따뜻한 맛과 넓은 세계를 바라볼 제 조국의 현실상이 암담할수록 여기에서밖에 광명과 희망을 찾을 데가 없었던 것이다. (중략) 문학은 어디까지나 자기 표현에서 출발하는 것이니만큼, 자기·자민족·자국을 떠나서 있을 수 없는 것을 생각할 제 우리는 정신적 문학적 문화적으로 이민이거나 이방인이거나 식민지로 자기의 국토를 내맡길 수 없는 것이다.1)

  나라를 잃은 백성으로 일제에 야합하지 않고 살아갈 수 있는 길이 문학이요, 정신적 좌절감을 치유하고 광명과 희망을 추구할 수 있는 수단이 문학이라고 생각했다는 염상섭의 고백은 전혀 과장된 것이 아니다. 어쩌면 그것은 당대의 많은 지식인 작가들에게도 똑같이 적용될 수 있는 진로 선택의 여건이었을 가능성이 있다.
  황순원은 민족적 거사에 참여한 적은 없다. 그러나 그 역시 남강 이승훈과 부친의 영향으로 민족적 울분을 문학을 통하여 해소하고 있었다. 그러한 사실은 그가 맨 처음 쓴 시 〈나의 꿈〉(1931. 7)과 〈아들아 무서워 마라〉(1931. 9)에서 확인할 수 있다. 〈나의 꿈〉에는 그를 짓누르고 있는 민족과 역사에 대한 부채의식이 잘 나타나 있다. 〈아들아 무서워 마라〉에서는 좀더 구체적으로 당대의 상황과 자신의 의지가 드러난다.
  나라를 잃은 식민지 백성으로 살아가는 서정적 자아의 고통과 불안은 당시 그의 모든 작품을 관통하는 하나의 주제라고 해도 과언이 아니다. 자신은 이미 몰락하고 패배한 자이며, 현실의 벽을 뛰어넘기에는 한계가 있는 것으로 인식한다. 그러나 현실을 수긍하고 거기에 안주하기에는 너무 분한 마음을 감출 길이 없다. 이러한 경향은 〈1933년의 수레바퀴〉에도 잘 나타나 있다.

그가 소설에 관심을 가지면서 최초로 발표한 작품이 〈거리의 부사〉(1937)이다. 이 작품은 일본에 거주하는 한국 학생들을 대상으로 그들이 낯선 이국에서 어떻게 적응해 가고 있는가를 객관적 시각에서 조명하고 있다. 이 소설의 주인공인 승구가 자신이 조선인임을 하숙집 여주인이 알아챌까 두려워하는 상황에서 이야기가 시작된다. 승구는 세수를 하러 갈 때마다 여주인의 방 앞을 지나야 한다. 승구는 여주인이 자기의 고향이 어디인지 눈치채지 않도록 주의한다.

서사적 자아가 느끼는 불안과 초조는 지진에 의하여 카타르시스 된다. 승구는 '별안간 다다미의 차가움과는 달리 등이 흔들림을 느낀다. 바람에 가벼운 목조 집의 흔들림이 아니다. 누었는 위층, 위층 아래 아래층, 아래층 아래 분명 땅속에서 오는 흔들림'임을 감지하고[2] '무서움보다 상쾌'함을 느낀다. 승구는 '조선에는 지진이 없어서 무서운 줄을 모른' 것이며,[3] 그것이 일본인과 조선인의 차이점이다. 승구가 보여준 지진에 대한 무반응은 여주인의 의아심을 불러일으킨다. 여주인은 승구에게 방을 비워달라고 한다. 이 말을 듣고 승구는 충격을 받는다.

여주인은 갑자기 짧은 목을 애교로 비틀어 꼬며 조선에는 지진이 없어서 참 좋겠다고 하며, 사실은 승구가 지진을 안 무서워하는 것을 올라와 보고야 알았지 여태 조선인인 줄 몰랐다고 한다. 승규가 큐슈에서 왔다고 하면 속겠느냐고 물으니까, 여주인은 그렇지 않아도 꼭 큐슈 사투리 같다고 한다. 그리고 이어서 여주인은 한 가지 힘든 부탁이 있다고 하면서 자못 힘든 듯이 얼굴을 떨구고서, 이번에 갑자기 시골 사는 남동생이 올라오게 되어 부득이 승구가 있는 방을 내야 되겠다고 한다.4)

그는 일본 사람이 아니고 식민지 조선인이었던 것이다. 일제가 그토록 입에 침을 튀겨가면서 떠들어대던 내선일치란 한낱 허구에 불과하다는 것을 인식한다. 나라를 잃고 살아가는 것도 억울한데, 일본인으로부터 차별 대우까지 받고 살아가야 하는 현실에 그는 서글픔마저 느낀다. 그가 현실에 안주하지 못하고 불안과 초조 속에서 살아갈 수밖에 없는 것은 그 때문이다.

이 작품에는 4명의 한국 유학생이 등장한다. 지운은 공부를 하기 위하여 구두닦이를 하는 학생이며, 웅은 경제적으로 풍족하지만 정신적 공황 상태를 보여주는 화가 지망생이다. 훈세는 타락한 현실에 적절히 대응하면서 친구의 물건을 도둑질하여 살아가는 인물이다. 승구는 그들을 관찰하면서 타국에서 자국의 친구들조차 믿지 못할 현실을 괴로워한다.

작가는 유학생들의 삶을 통하여 당대의 현실을 생생하게 보여주고 있다. 내선일체의 허구성과 조국을 잃은 식민지 백성의 비애를 통해 우리는 작가가 당대의 현실을 서정적으로 그릴 수 없었던 이유를 분명하게 엿볼 수 있다.

가부장제적 사회에서 아버지(父 또는 親)는 임금(君), 스승(師)

과 더불어 가장 절대적인 존재이다. 한자문화권의 국가, 특히 근대 이전의 중국과 한국에서는 임금, 스승, 아버지(君親師, 君師父)가 동일시되고 신격화되기까지 한다. 따라서 나라를 잃은 것은 아버지를 잃은 슬픔에 비할 바 아니지만, 그와 진배없다. 우리가 국권의 상실을 부 의식의 상실과 동일선상에 놓고 논의하는 것은 밀접한 관련이 있다.

  부 의식의 상실로 인한 서사적 자아의 불안 의식은 〈머리〉(1942)와 〈세레나데〉(1943)에도 잘 나타나 있다. 〈머리〉는 불안하고 우울한 식민지 조국을 무대로 욕구 불만에 차있는 한 지식인의 삶을 통하여 당대 지식인의 정서를 잘 드러내 준 작품이다. 서사적 자아가 처한 현실은 '어지러운 꿈의 계속인 듯 그냥 이마며 머리 전체가 무거운'5) 느낌을 안겨주는 곳이다. 그는 늘 검은 안경을 쓴 사내가 퀄련의 빨간 불꽃을 살려 가지고 방아깨비의 촉수를 태우는 악몽에 시달린다. 그런데 그것은 어린 시절의 추억과 맞물려 있다.

    이 방아깨비 꿈은 그럴만한 일이 있었다. 지금도 분명하다. 그 검정 안경잡이 사내의 역시 꺼멓던 얼굴. 그것은 그가 열살 안팎 때의 일이다. 동무들과 함께 모란봉 뒤로 메뚜기를 잡으러 갔다. (중략) 그런데 그의 저고리가 미처 덮치기도 전에, 거기 앉았던 사람이 먼저 손을 내밀어 쉽게 방아깨비를 잡아 쥐었다. (중략) 정말 자기가 한번 이놈을 손에 쥐고 방아를 찧어봤으면. 그러는데 방아깨비의 뒷다리 하나가 똑 떨어진다. (중략) 아, 분하다. 방아깨비의 뒷다리 하나가 떨어지면 그만인 것이다. (중략) 검정 안경잡이 사내의 입가에는 무슨 재미난 듯한 웃음까지 떠오른다. 이렇게 방아깨비의 발을 다 떼내고 나서 검정 안경잡이 사내는 이번에는 또 무슨 생각이 들었는지 그 미소지은 입으로 한손 손가락 새에 끼웠던 궐련을 가져다 두어 번 깊이 들이빨아 빨간 불꽃을 살리더니 그것을 방아깨비 머리로 가져간다. 아, 저런! 지금 안경잡이 사내는 빨간 담뱃불을 방아깨비의 한쪽 촉수(이것을 애들은 그때 수염이라고 했다)에 가져다 댄 것이다. 고 가느다란 촉수가 파닥파닥 피해보는 것이나 곧 담뱃불이 뒤따랐다. 잠깐 새 고 가느다란 촉수는 흔적도 없이 타 없어진다. 아, 저런! 검정 안경잡이 사내가 다시 담배를 빨아 불꽃을 세워 가지고 남은 촉수로 가져가는 걸 보고는 그만 돌아서 냅다 달아나고 만다.6)

어린 소년의 꿈이 처참하게 부서지는 현실은 동심에 커다란 상처를 남겼을 것이다. 따라서 그 아이는 성장해서도 그 악몽에 시달려야만 했을 것이다. 그런데 그 악몽은 현상적으로만 보기에는 석연치 않은 점이 있다. 왜 '검은 안경잡이 사내'와 '어린 소년'을 대립적으로 설정했을까? 그것은 선과 악의 대립의 차원을 넘어 당대의 한국적 상황을 상징적으로 처리하려고 했던 것은 아닐까?

현실의 질곡에서 탈피하고 싶어하지만 그의 앞에 탈출구는 봉쇄되어 있다. 서사적 자아는 봉쇄된 현실에 불쾌해 한다. '이것으로 오늘의 악마의 날은 아주 끝나주기를 바'라지만7) 현실은 그러하지 못한다. 그는 자신을 구원해 줄 사람을 찾아보지만, 그것도 불가능하다. 그는 진정으로 자신을 구원해 줄 사람을 찾는다. 그런데 그 사람은 다름 아닌 자기 자신이었던 것이다.

일제 말기의 열악한 현실에 문제 의식을 가지고 고향으로 소개해 간 작가의 삶을 반추해 보면 그것이 무엇을 의미하는지가 보다 분명해진다. 단순히 방아깨비에 대한 추억으로 그가 현실에서 탈출구를 찾지 못했다면, 자기 자신에게서밖에 구원을 받을 수 없다는 진실은 상호 모순을 일으킨다. 작가의 역량으로 볼 때나 당대의 정황으로 볼 때 그것은 그렇게 보기에 석연치 않은 점이 허다하다. 작가는 1940년대의 열악한 현실을 1910년대의 현실과 연계하면서 식민지적 현실이 당대인들에게 악몽을 꾸게 한 것으로 본 것이다.

〈세레나데〉는 소경이 된 무당의 고통이 자신의 고통이 되고, 그것이 다시 조국을 떠나 만주로 가야 하는 친구의 고통으로 전이되는 양상을 단편적으로 서술하고 있는 작품이다. 그들의 아픔은 그들만의 아픔으로 끝나지 않는다. 옆집에 살던 자기 또래의 '눈이 아주 별나게 크고 시원하게 생긴 계집애',[8] 가슴으로 베 필을 가르던 '얼굴이 여간 아름다운 게 아닌' 여인, '무당이 내리면서 눈이 먼'[9] 여인은 모두가 운명을 거스를 수 없는 절망적인 삶을 살아가는 식민지 시대의 여인들이다. 그들의 고통은 그들의 고통에 그치지 않고 모든 사람들의 고통으로 인식되고 있다.

> 그는 눈을 감았다. 어쩌면 지난날 옆집 계집애의 오늘날이야! 하며 치뜨던 때의 눈보다 더 보기 흉할 오늘의 자기의 눈을 감았다. 그리고는 걸었다. 도시 지난날 그 소경 처녀애를 본떠 걸을 때만큼도 잘 걸어지지 않았다. 술 때문만이 아니었다.[10]

그들의 눈앞에는 험난한 길이 '지난날 젊은 여인의 가느다란 가슴이 갈라내던 베 필처럼 펼쳐져 있다. 그것은 '얼마 전 색시 무당이 탔던 작둣날인 양 펼쳐져' 있지만 눈물도 없이 '어떻게 해서든지 걸어가야만 할'[11] 길이다. 때문에 위태위태하게 식민지 시대를 살아가는 사람들에게는 아픔으로 다가온다.

이러한 불안의식은 식민지 수탈정책과 최소한의 생활마저 유지하기 어려운 빈곤으로 더욱 가중된다. 빈곤의 문제는 황순원의 소설에 아주 많이 나타나고 있는 주제로, 1938년에 발표한 〈돼지계〉, 〈허수아비〉, 〈노새〉에 잘 나타나 있다.

〈돼지계〉는 당대의 가난하고 무식한 농민들의 삶을 그린 소설로, 표제가 상징하듯이 돼지처럼 못사는 사람들의 집단에 대한 이야기이다. 먹이를 둘러싸고 벌이는 돼지들의 행태를 논물을 둘러싸고 서로 싸우는 어른들의 행태와 대비시키면서, 당대인들의 무식하고 빈궁한 생활상을 보여주고 있다.

　　　대건이 호미로 근후가 막은 동을 끊는다. 근후가 급히 떼를 떠서 동을 잇는다. 대건이 냅다 동을 터 헤치며,
　　　"혼자만 대면 어카노," 한다.
　　　"우린 어카란?"
　　　근후의 삽등이 대건의 어깨 옆에 사선을 긋는다. 허탕을 치고 삽이 튄다. 근후는 중심을 잃고 몸을 꼬며 논으로 굴러 떨어진다.
　　　논둑을 기어올라오는 근후의 눈썹 위에 묻은 흙 새로 피가 밴다. 근후는 흙탕을 긁어 동을 다시 막는다.[12]

〈허수아비〉는 허수아비와 같은 존재인 폐병 환자 준근이 처

한 열악한 현실이 사실적으로 드러난 작품이다. 준근은 생명에 대하여 미련을 지니고 있으면서도 자신의 그러한 모습에 거부감을 드러내기도 한다. 자신의 극한 상황이 자신의 문제에 국한되지 않음은 그들의 삶의 여건을 보여준 다음의 인용문에서 우리에게 시사하는 바 클 것이다.

> 뜰 한구석 응달에서 아버지가 재동 영감에게,
> '좌우간 내년부턴 우리가 최문이해 심으야 하갔쉐다."
> 하였다.
> '글세 내년부턴 조를 심던 고구말 심던 반작이면 반작, 지덩(도지)이면 지덩으루 하디요.'
> '반작이야 올부터 하야디요.'
> '올해는 고구마 종자가 늦었는디 잘 되지 않았이요.'
> '난 오죽하면 내 손으루 선산 닐궈 먹갔다구 하갔소.'
> '난 또 고구마루밖에 겨울 날 게 없는데요.'
> '좌우간 그렇게 알소.'
> 하고 아버지가 땅에 담뱃대를 털었다.
> 재동 영감이,
> '걸루두 겨울 날디말디 한데요.'
> 하고는 밖으로 나가며 혼잣말로,
> '안돼!'
> 하며 머리를 옆으로 세게 저었다.13)

아버지와 재동 영감의 대화를 통하여 당대인들의 삶의 모습이 어느 정도 드러나고 있다. 그들은 빈곤으로 고통당하고 있으며, 먹고사는 문제가 가장 절실한 과제임을 드러내고 있다. 거기에 준근은 병의 고통을 감수해야 한다. 아내 남숙은 그들의 고통이 당대에 그쳐야 한다는 생각으로 피임을 하고 돌아온다.

준근은 산에서 날아오기도 하고 마을로 날아가기도 하는 참새와 메뚜기의 그림자가 허수아비의 어깨에 떨어지는 것을 보다가 현기증을 느낀다. 눈을 감고 있으면 다시 그들의 그림자가 자기를 겹겹이 둘러싸는 것을 느끼게 된다. 그야말로 절망적인 상황의 설정이다. 그러나 그는 '잠자리의 꼬리가 지어놓은 썩은 물의 약한, 그리고 둔한 파문을 지켜보면서 거리의 남숙에게 다시 온전한 여인이 되라고 하리라는 결정을' 하게 된다.14)

〈노새〉는 먹이조차 줄 수 없는 열악한 상황 속에서 노새를 좋은 값을 받고 팔아치우기 위하여 온갖 계략을 구사하는 노새 주인의 삶을 통해 식민지 자본주의의 일면을 보여준다. 타락한 노새 주인의 계략에 말려든 유 청년은 누이동생을 술집에 팔고 비싼 값에 노새를 산다. 일을 할 수 없는 병약한 노새를 산 유 청년은 술집에 팔려간 누이동생마저 병이 들었다는 소식에 노여움을 감추지 못한다.

> 유 청년은 자기가 채찍질한 노새 잔등을 보지도 못하면서 혼자 속으로 울고 있었다. 집에서는 또 그날따라 술집에 팔려 간 누이동생이 병이 나 드러누웠다는 소식을 들었다고 하며 어머니가 울고 있었다. 어떤 형용할 수 없는 노여움이 유 청년의 가슴을 엄습했다. 들어오던 맡에 한참은 거기 정신없는 사람처럼 서 있었다.15)

노새를 사기 위하여 누이동생을 술집에 팔아먹는 행위는 비난받아 마땅하다. 그런데 매춘 혹은 매녀(賣女) 모티브는 〈사마귀〉(1938. 10), 〈불가사리〉(1955. 10), 〈잃어버린 사람들〉(1955. 11) 등에서도 나타난다.

〈불가사리〉는 인신 매매의 악습과 그에 대항하는 젊은이들의 삶의 편린이 어느 정도 드러나 있는 작품이다. 소금장수 복코는 서분네 어머니를 속여서 서분네를 아내로 데려간다. 그는 서분네를 1년 정도 데리고 살다가 '원체 인물이 덜 좋아, 데려갈 때 들인 밑천을 겨우 뽑고' 그녀를 평양 색주가에 팔아 넘겼다.16) 그는 뻔뻔스럽게도 서분네 집에 가서 묵고 길을 떠나면서 곱단이를 데려갈 계획을 세운다.

> 그러나 이 서분네에 대한 불쾌한 생각도 곧 가시어졌다. 지금 자기가 찾아가는 함박골 곱단이의 자태가 떠오른 것이었다. 이름대로 곱살한 얼굴인 데다가, 지난 가을에는 벌써 옹골찬 앞가슴이 봉긋해 있었으니 올봄 들어서는 더 활짝 피어났을 게라.17)

그는 곱단이 부모의 환심을 사기 위하여 옷감을 사들고 함박골을 찾아간다. 그리고 도매상을 낼 계획이라고 밝히고, 반수영감을 내세워 중매를 부탁한다. 곱단이 부모는 돈에 혹하여 딸을 그에게 줄 생각까지 하며, 반수영감은 곱단이가 자신의 양자인 곰이와 가까운 사이인 것도 모른 채 중매를 할 생각을 한다. 돈으로 딸을 사고팔 수 있다는 생각은 자식을 하나의 인격을 지닌 존재로 인정하지 않은 데 기인한다. 작품 말미에서 곱단이가 곰이와 야반도주를 하는 것은 인습과 제도에 대한 소극적 저항으로 볼 수 있다.

〈잃어버린 사람들〉은 매녀 모티브의 변형이라고 할 수 있는 소실로 들어간 여인의 삶을 그리고 있다. 순이는 석이와 사랑하던 사이였지만, 병으로 앓게 된 박찬봉의 간병을 위해 논 몇 마지기를 받고 타의에 의해 소실로 들어간다. 그런데 순이는 당대의 제도와 관습이 도저히 용납할 수 없는 석이와 사랑의 도피를 한다. 석이는 박찬봉 아들의 친구이다. 그들은 이곳 저곳을 떠돌다가 아는 사람을 피하여 외지에서 농사를 짓다가 박찬봉의 아들 일행에게 발각된다. 석이는 귀를 잘리고, 그곳을 떠나 산 속으로 들어가서 살게 된다. 화전을 일구고 살면서 아들을 낳지만 늑대에게 물려 가는 수난을 당하고, 산을 떠나 바닷가로 가서 살지만 풍랑을 만나 비극적 종말을 맞게 된다. 이 소설은 실화를 바탕으로 해서 쓴 글로 작품 말미에 다음과 같은 부기가 붙어 있다.

    통영 해평나루 맞은편 미륵섬 올라가는 길가에, 이끼낀 조그마한 단갈이 하나 서 있다. '古海坪烈女紀實碑'. 그리고 지금도 통영에는 다음과 같은 간단한 이야기가 전해져 내려오고 있다. 옛 해평나루터에 어디서 떠들어왔는지 모를 부부가 살았는데, 성씨와 나이도 분명치 않고 이웃과 별로 사귀는 일도 없이 그저 양주의 의만이 자별하게 좋던 중, 하루는 생계를 위하여 남편되는 사람이 어선을 따라 바다로 나갔다가 배가 깨어졌다. 이를 안 아내되는 사람이 남편이 빠진 곳을 찾아 나아가 물에 몸을 던졌더니, 이튿날 이곳을 지나는 배가 있어, 물위에 떠있는 시체 둘을 발견했다. 남편의 시체를 안고 있는 여인의 시체였다.18)

〈사마귀〉는 사마귀의 이미지를 통하여 등장인물들의 관계를 풍자적으로 서술하고 있다. 사마귀는 제 새끼를 잡아먹든가 제

어미를 잡아먹는 동물이다. 이 작품에서는 사마귀와 같은 인간 관계를 소설의 주제로 끌어 오고 있다. 주인 마누라는 딸에게 매춘을 시켜서 그 돈으로 생활하지만 전혀 양심의 가책을 느끼지 않는다.

> 계집애가 주인 마누라보고 할머니라고 부르는 것은 이 집 젊은 여인이 밖에 나가 묵는 동안만이다. 젊은 여인이 돌아온 뒤에는 할머니란 말 대신에 어머니란 말로 바뀐다. (중략) 남자의 낯선 구두가 새로 좁은 툇마루에 놓일 적마다 계집애나 주인 마누라의 생활이 또 달라진다. 동그란 계집애의 얼굴이 새침해져서 현이 있는 위층으로 올라온다. 주인 마누라의 잔주름 많은 얼굴은 긴장으로 해 굳어진다. (중략) 조심히 뒷설거지까지 다 하고 나서는 곧장 현이 있는 위층으로 이것도 층층다리가 소리 안 나게 조심히 기어올라온다. 그리고는 아랫방에서 조용해져서야 또 조심조심 계집애를 데리고 내려가 부엌 옆에 붙은 골방으로 가 잔다.[19)]

딸이 자식을 둔 사실이 알려지면 손님을 들일 수 없다. 때문에 주인 마누라는 딸과 딸의 딸인 계집애와 약조를 하고 처녀를 가장하고 손님을 맞아들이고 있다. 부도덕한 일을 먹고살기 위하여 버젓이 행하고 있는 것이다. 딸도 계집애를 정신적으로 고사시키는 사마귀와 같은 존재로 등장한다. 그녀는 집에 손님을 끌어들일 뿐만 아니라 계집애를 돌보지 않고 고양이만을 끔찍이 아낀다. 이들 3대의 여인들의 삶은 관찰자인 현의 눈을 통해 객관적으로 제시되고 있는데, 그들의 관계가 사마귀에 의해 상징적으로 암시되고 있다.

식민지 시대 매춘 혹은 매녀 모티브는 비교적 많이 나타나고 있다. 김동인의 〈감자〉, 현진건의 〈불〉과 〈고향〉, 나도향의 〈벙어리 삼룡이〉, 김유정의 〈소나기〉, 채만식의 〈탁류〉 등은 그 대표적인 작품들이다. 이러한 비인간적 행위는 그 자체가 식민지 자본주의의 한 단면이다. 인간의 존엄성보다는 물질만능주의가 팽배한 당대의 현실을 엿볼 수 있다.

궁핍한 식민지하에서 불안 의식을 털어 버리고 새로운 미래를 창조하려면 잃어버린 부권을 회복하는 일이 무엇보다도 선결되어야 할 과제이다. 작가는 열악한 현실에서 서사적 자아가 부권을 회복하기 위하여 노력하는 모습을 그의 작품 곳곳에서 보여주고 있다. 그 가운데 가장 대표적인 작품이 〈황노인〉(1940), 〈독 짓는 늙은이〉(1940), 〈그늘〉(1941), 〈기러기〉(1942) 등이다.

〈황노인〉은 작가가 자신의 조부를 모델로 하여 새로운 인간형을 창조해 보려고 시도한 작품이다. 서사적 자아는 절망적 현실 속에서도 인간에 대한 신뢰를 보여주며, 검소하면서도 자상한 모습을 보여준다. 자신의 환갑에 어떤 잔치를 못하게 하지만[20] 어린 시절의 재니(광대) 차손 일행을 맞아 따뜻한 인정을 베푼다.

늙은 재니, 아니 차손이, 그를 자기가 마지막 본 것은 칠팔 년 전 웃골 박초시네 환갑잔치에서다. 그새 퍽이나 더 늙었다. 걸친 옷도 더 남루하고. 그러나 지금 황노인의 눈앞에는 늙은 재니의 그가 아니고, 어린 차손이로서의 그가 보였다. 그 중에서도 벌거벗은 개울가의 차손이가. 이것은 그 동안 황노인이 여기저기 회갑이나 진갑 잔치에서 재니인 차손이를 볼 적마다 떠올려온 모습이었다.[21]

황 노인이 차손을 통하여 찾고자 하는 것은 무엇이었을까? 그것은 과거에 대한 속죄요, 잃어버린 과거를 복원하려는 시도로 보인다. 그는 환갑을 앞두고 늘 허전함을 느낀다. 아내가 자기보다 먼저 세상을 떠난 데도 그 원인이 있겠으나, 그보다는 어머니와 동갑 친구에 대한 회한이 더 크게 작용한 것으로 보인다.

  '눈꼬리에 수없이 주름이 잡힌 검게 탄 어머니의 얼굴. 지금의 자기보다도 더 주름이 많이 잡히고 검게 탄 어머니의 얼굴'을[22] 연상하고, 차손의 해금을 들으면서 '작은 개울이 나타나고, 개울둑에는 감탕질을 한 벌거숭이 두 소년이 서서 한 소년은 풀피리를 불고 한 소년은 아직 되잖은 청으로 타령을 부르고'[23] 있는 모습을 연상하는 것은 그와 무관하지 않다.

  차손과의 소원한 관계는 당대의 사회 구조와 관련된 문제다. 광대를 인간 이하로 취급하고 상종을 하지 않으려고 한 풍조는 황 노인의 의지와는 무관한 것이다. 황 노인이 세상 물정을 이해하고 친구를 찾으려고 했을 즈음에는 친구가 그러한 세상 인심을 이해하고 일부러 자리를 피해 주지 않았던가? 황 노인의 환갑에 마주친 어린 시절의 소꿉 친구는 이제 신분과 재력을 떠나 진정한 친구로 다시 다가서고 있는 황 노인에게 자신의 진정한 모습을 보여주고 있는 것이다.

  황 노인의 모습은 작가가 창조하려는 새로운 인간형으로 볼 수 있다. 이러한 인간형의 창조는 가부장제하에서의 근엄하지만 인자한 어른의 모습에 대한 향수에 기인한 바 크다. 물론 허물어져 가는 전통적 사회에 대한 향수의 표출로 볼 수도 있겠으나, 그보다는 식민지하에서의 부 의식의 회복을 위한 작가의 열망이 드러난 것으로 보인다.

〈독 짓는 늙은이〉는 열악한 현실 속에서도 자신의 일을 포기하지 않는 송 영감을 주인공으로 설정하여 그의 장인 정신을 부각시킨 작품이다. 이 작품은 젊은 조수와 함께 달아난 아내에 대한 분노를 삭이면서 아들 당손이와 더불어 살아남기 위해 독을 굽는 송 영감의 내적 갈등을 형상화하고 있다.

송 영감은 병들고 늙은 몸 때문에 자꾸만 쓰러지면서도 이를 악물고 독 짓기에 전념한다. 그는 조수가 도망치기 전에 만들어 놓은 독을 모두 깨버릴 결심을 한다. 그러나 당장 다가오는 겨울의 생계와 이제 일곱 살밖에 안된 아들 당손이를 생각하고 자신의 결심을 바꾼다. 그러나 아내의 가출이 가져다 준 심적 고통 때문에 그는 점차 삶의 희망을 잃는다.

> 다음날 송영감이 정신이 들었을 때에는 자기네 뜸막 안에 뉘어 있었다. 옆에서 작은 몸을 오그리고 훌쩍거리던 애가 아버지가 정신 든 것을 보고 더 크게 훌쩍거리기 시작했다. 송영감이 저도 모르게 애 보고, 안 죽는다, 안 죽는다, 했다. 그러나 송영감은 또 속으로는, 지금 자기는 죽어가고 있다고 부르짖고 있었다.[24]

앵두나무 집 할머니가 남의 집에 당손이를 주자고 했을 때 버럭 화를 내던 그가 결국 자신의 생각을 바꾸어 아들을 남의 양자로 보내는 것은 그 때문이다. 아들을 떠나 보낸 그는 굽던 가마 속으로 자꾸만 기어들어 간다.

작가는 관헌의 의심의 눈총을 받아가면서까지 고향에 머물며 우리말로 된 소설을 썼는데, 거기에 그치지 않고 잊혀져 가는 우리의 풍속을 소설화한 것이다. 바로 그 점에서 작가가 그 나름대로 나라와 민족의 혼을 지키려고 한 잠재의식을 은연중에 표출한 것으로 볼 수 있다.

〈그늘〉은 암울한 시대를 살아가는 지식인의 내면 세계를 아주 섬세하게 그려 내고 있는 작품이다. 할아버지로 상징되는 과거를 지향하는 내적 자아와 아버지로 상징되는 서구화를 열망하는 또 다른 내적 자아의 갈등을 통하여 밝음과 어둠, 빛과 그늘의 대립적 양상을 아주 잘 보여주고 있다.

술 냄새는 술 냄새가 아니고 돌아가신 할아버지의 냄새다. 돌아가시기 얼마 전부터 아무래도 동작이 외로우셨던지 번번이 자기에게 잔을 붓게 하시던 할아버지. 사실 그때까지 눈물을 모르시던 할아버지. 아버지가 손수 자기 상투를 잘라냈다고 저런 자식은 내 자식이 아니라고 몽둥이를 들고 쫓던 할아버지요, 아버지가 서울로 도망을 갔다 불시에 송장이 되어 내려왔을 때도 눈물을 흘리시는 법 없이 불효막심한 자식 잘 돼졌다고 노하시기만 한 할아버지. (중략) 이 선술집보다도 더 어두운 그늘이 깃들인 저녁과 함께 있은 냄새.25)

여기에서 밝음과 빛은 당대의 시대적 요구라고 할 수 있는 근대화를 상징하며, 어둠과 그늘은 제국주의의 마수에서 벗어나기 위하여 우리의 것을 지키고자 하는 염원을 상징하는 것으로 볼 수 있다. 서사적 자아가 작품 말미에서 남도 사내에게 애정 어린 태도를 보이면서 함께 눈물을 보이는 것은 서구화보다는 우리의 것을 지키고자 하는 단적인 증거라고 할 수 있다.

〈기러기〉는 신이 떠나 버린 시대, 더 이상 정상적인 삶을 지탱할 수 없는 현실이 서사적 자아 앞에 놓여 있다. 쇳네는 데릴사위로 정해 준 동이와 열다섯에 결혼을 했다. 쇳네 아버지는 일꾼이 필요해서 부지런하기로 소문난 동이를 사위로 맞아들인 것이다. 아들을 둘이나 두었지만 없는 편만 못하였다. 결혼한 지 1년도 안 되어 사위는 차차 게으름을 피우고 술까지 마시기 시작했다. 그는 차차 타락해 간다.

    쇳네 남편은 여태까지 남의 집 절가(머슴)살이를 해 벌어두었던 돈 천 팔백 냥을 다 날려버렸다. 무명 헝겊에 꽁꽁 싸서, 그 희던 무명 헝겊이 검정물 들인 것처럼 되도록 만져오던 돈을, 아직 그 무명 헝겊만은 검게 된 채 그냥 남아있건만 속의 돈만은 한닢 남기지 않고 날려버리고 만 것이었다.
    쇳네 남편은 이번에는 아내의 은동곳(은비녀), 은가락지를 내다가 팔았다. 성한 옷가지 같은 것도 꺼내 내갔다. 평양서 입고 나온 양복과 구두도 팔아 없앴다. 그리고는 장인 몰래 쌀말을 퍼내 가기도 했다.
    마침내 쇳네 남편은 쇳네더러 돈을 내놓으라고 매질까지 하게 됐다. 어디 분명히 감추어둔 돈이 있을 테니 그걸 내놓으라는 것이었다. (중략) 쇳네는 이런 남편이 한없이 무섭기만 했다.26)

사랑하는 아버지를 잃고, 의지할 곳 없는 그녀는 그나마 남편이 있다는 사실을 위안삼아 살아간다. 그런데 가난에 찌들대로 찌든 남편마저 새로운 땅을 찾아 만주로 떠나 버린다. 그런 상황에서 쇳네는 어찌할 바를 몰라한다. 무섭고 싫은 남편으로부터의 해방감도 잠시 자신의 고통을 자식들에게까지 안겨줄 수 없다는 생각이 미치자, 그녀는 남편을 찾아 나서기로 작정한다.

그날 밤 바늘 든 손을 재게 놀리면서 날이 밝기를 기다리는데, '어디서 봄 기러기 날아가는 소리가 들려'온다.27) 이러한 표현은 비록 거칠고 고루하여 남편으로부터 탈피하고 싶은 생각이 간절하지만, 부 의식의 회복에 의해 미래에 대한 희망을 꿈꿀 수 있다는 작가의 인생관을 보여준 것으로 보인다.

물론 이들 초기의 작품들이 낭만주의적 성격을 지니고 있는 것은 사실이다.28) 그러한 경향은 원형적 인물들을 설정하여 강인한 생명력을 섬세하게 그려 내는 과정에서 나타난 결과로 풀이할 수 있다. 특히 〈기러기〉, 〈황노인〉, 〈독 짓는 늙은이〉는 소년을 주인공으로 설정하고 있는 점에서 〈별〉(1941)과 대단히 유사한 계열의 작품이다.

〈별〉은 다른 작품과 달리 부 의식 회복을 문제시하지 않고, 모 의식의 회복을 문제시한 작품이다. 죽은 어머니의 이미지를 집요하게 추구하는 소년은 어머니를 너무 신성시하여 누이를 증오한다. 자신을 진정으로 사랑해 주는 누이지만, 소년은 그녀의 추한 모습이 어머니의 모습으로 인식될 것을 걱정하기에 이른다.

동네 애들과 노는 아이를 한 동네 과수노파가 보고, 같이 저자에라도 다녀오는 듯한 젊은 여인에게 무심코, 쟈 동복 누이가 꼭 죽은 쟈 오마니 닮았디 왜, 한 말을 얼김에 듣자 아이는 동무들과 놀던 것도 잊어버리고 일어섰다. (중략) 아이는 누이의 지나치게 큰 입 새로 드러난 검은 잇몸을 바라보며 누이에게 돌아간 어머니의 그림자를 찾던 마음은 온전히 사라지고, 어머니가 누이처럼 미워서는 안 된다고 머리를 옆으로 저었다. 우리 오마니는 지금 눈 앞에 있는 누이로서는 흉내도 못 내게스레 무척 이뻤으리라.29)

그는 어머니와 누이는 전혀 다르다는 생각을 자꾸만 굳히려 든다. 세월이 흐르고 누이가 시집을 가서 죽음을 당한다. 이때야 비로소 소년은 자신의 잘못을 뉘우치고 누이가 자신에게 준 사랑과 정의 자취를 찾으려 하지만, 이미 때는 늦어서 어디에서도 누이의 자취를 찾을 수가 없다. 소년은 누이의 죽음을 통해서 비로소 인생과 사랑을 알고 성장해 간다.

### (2) 이념의 갈등과 부조리한 현실

해방 이후 현재에 이르기까지 우리 민족이 당면한 문제 가운데 가장 중요한 문제는 아무래도 이념의 대립과 갈등일 것이다. 식민지 시대 상당수의 지식인들은 우리가 처한 특수성과 인류가 직면한 보편성을 동시에 고려하는 과정에서 사회주의에 물들어 갔다. 그 가운데 하나는 해방이 되면서 해결되었지만, 다른 하나는 여전히 숙제로 남겨지게 되었다. 이로 말미암아 우리가 그토록 염원했던 해방이 되었음에도 우리는 이념의 멍에서 한치도 자유롭지 못한 상황에서 살아가고 있다.

해방은 식민지 시대를 살아가던 당대인들에게 어떤 의미가 있는가? 투옥, 고문, 죽음으로 점철된 일제의 억압에서 벗어날 수 있는 유일한 길이면서 그들에게 삶의 의의를 끊임없이 부여

해 주는 하나의 유토피아와 같은 존재였다. 그렇게 생각했기에 위기에 직면해서도 혹자는 다음과 같은 시를 쓸 수 있었다.

그 날이 오면 그 날이 오면은
삼각산이 일어나 더덩실 춤이라도 추고
한강 물이 뒤집혀 용솟음칠 그 날이
이 목숨이 끊기기 전에 와 주기만 하량이면
나는 밤하늘에 나는 까마귀와 같이
종로의 인경을 머리로 들이받아 울어오리다.
두개골은 깨어져 산산조각이 나도
기뻐서 죽사오매 오히려 무슨 한이 남으오리까.

그 날이 와서 오오 그 날이 와서
육조 앞 넓은 길을 울며 뛰며 딩굴어도
그래도 넘치는 기쁨이 미어질 듯하거든
드는 칼로 이 몸의 가죽이라도 벗겨서
커다란 북을 만들어 들쳐 메고는
여러분의 행렬에 앞장을 서오리다.
우렁찬 그 소리를 한 번이라도 듣기만 하면
그 자리에 거꾸러져도 눈을 감겠소이다.

— 심훈의 〈그 날이 오면〉—

심훈이 염원한 것은 조국과 민족의 해방이다. 그는 일제의 압제로부터 벗어나 진정한 의미의 주권을 행사하고 행복한 삶을 영위할 수 있는 유일한 길이 해방이라고 믿었다. 그런데 그가 그토록 염원했던 해방은 독립 투사들의 목숨을 건 항쟁에도 불구하고 '한밤중 도적같이' 왔다.30) 심훈이 죽은 지 7년이 된

1945년 당시의 그 누구도 해방이 올 것으로 예측하지 못한 상황에서 어느 날 갑자기 해방은 찾아왔던 것이다. 그것은 어느 파나 어느 인물의 노력에서 온 것이 아니었다. 때문에 함석헌은 '자기야말로 해방이 올 줄을 미리 안 것처럼 말하는 자가 있다면 그는 민중을 속여 인기를 얻고자 하는 더러운 야욕'을 지닌 자라고 했다.

해방의 날은 왔지만, 삼각산은 말할 것도 없고 한강마저 꿈적도 하지 않았다. 미군이 진주한 남한과, 소련군이 진주한 북한 사이에서는 유형·무형의 장벽이 생기기 시작했다. 일제의 압제와 거기에서 벗어나야 한다는 강박관념에서 침잠해 있던 이념의 대립은 더욱 심화되어 갔다.

> 성스러운 원광을 썼던 어둠 속의 그 이데올로기가 백주에 나타났을 때 그 몰골은 형언할 수 없이 추악한 것이었다. 순수성은 사라지고 그 대신 당당한 주인격으로 모든 것의 최상위에 군림하는 존재로 변한 것이다. 이 엄청난 존재 앞에 초라하지 않은 것은 한 가지도 없었다. …… 해방공간에서 찬란히 그 모습을 드러낸 '숨은 신'으로서의 그 정치적 이데올로기의 모습이 추악하기 이를 데 없는 괴물로 보일지라도 그 이젠 꿈 저쪽의 것이 아니라 현실이었고 실체였다.31)

황순원은 해방의 기쁨에 젖어 몇 편의 시와 소설을 썼지만, 시간이 지나면서 자신이 맞은 해방이 진정한 의미의 해방이 아님을 깨닫기 시작했다. 당시의 상황은 '자주독립 근대민족민주국가'의 수립이라는 민족적 과제와는 너무도 거리가 먼 정치적 사건들이 매일같이 벌어지고 있었다. 누가 정치적 헤게모니를 줠 수 있느냐가 문제였던 것이다.

진정한 해방을 가로막고 있는 이념의 대립과 갈등, 부조리한 현실은 당대의 지식인들을 가슴 아프게 했다. 심훈이 살아 있었다면 해방 이후의 상황에 대하여 무엇이라고 말했을까? 심훈이 가고 없는 상황에서 몇몇 작가들은 진정한 해방을 가로막고 있는 이념적 대립과 갈등에 대하여 아주 비판적인 시각을 보여주고 있다. 황순원도 그 가운데 한 사람이다.

그는 해방 후 평양으로 돌아가 해방의 기쁨에 젖어 〈그날〉을 비롯한 몇 편의 시와 〈술〉을 비롯한 몇 편의 소설을 썼다. 그러나 해방은 그가 생각한 것과 너무나 거리가 멀었다. 노동자와 농민들을 선동하여 정치적 헤게모니를 장악하려고 한 공산당의 태도에 지주계층인 황순원은 신변의 위협을 느끼기 시작했다. 1946년 5월에 월남을 결행하였다. 월남한 그해 시와 단편소설들을 계속해서 발표하였다.

그런데 1946년 10월 1일 대구에서 '10월 사건'이 일어났다. 이후 그러한 충격적 사건은 꼬리에 꼬리를 물고 일어났다. 드디어 1950년 동족 상잔의 비극이 일어난다. 민족간의 이념적 대립과 갈등은 〈별과 같이 살다〉(1946), 단편집 『목넘이 마을의 개』(1947), 〈아버지〉(1947), 단편집 『곡예사』(1952), 〈카인의 후예〉(1954), 〈인간접목〉(1955), 단편집 『잃어버린 사람들』(1955), 단편집 『학』(1956), 〈나무들 비탈에 서다〉(1960), 단편집 『너와 나만의 시간』(1964) 등에 잘 나타나 있다.

〈별과 함께 살다〉는 일제 말기에서부터 해방 직후까지의 참담한 시대상을 통해 민족의 수난사를 담고 있는 장편소설이다.

이데올로기적 문제를 다루고 있지는 않지만,32) 식민지 시대와 해방 공간에 걸친 하층민들의 비극적 삶이 당대의 왜곡된 경제 구조와 무관하지 않다고 본 점과 파탄의 경지에 이른 농촌 경제의 참상을 드러내고 있는 점에서 우리의 주목을 끌기에 충분하다.\*

> 그러한 가난한 사람들에게 정말 무슨 도깨비라도 나서듯이 눈 앞을 절벽 같은 것이 탁탁 가로막곤 하는 것이었는데, 그것은 아무 것도 아닌 그저 이들이 하도 오래오래 비린 것이라고는 입에 대보지 못한 데서 오는 밤눈 어두운 증세인 것이었다. (중략) 이렇게 헤어져 돌아간 다음날, 이들 가운데는 마을에서 뵈지 않게 되는 수가 있었다. 물론 그 사람 혼자뿐 아니고 그의 온 가족이 다 뵈지 않는 것이었다. 집으로 가보면 다 쓰러져 가는 오막살이가 남아있을 뿐. 대개 그해 지은 낟알을 들에 남겨둔 채이기가 일쑤였다.33)

일제는 근대화라는 미명하에 식민지적 경제 수탈을 가속화한다. 1920년대 계급 분화는 자작농 및 자작 겸 소작농의 끊임없는 감소와 지주 및 소작농의 현저한 증대를 가져왔다. 1920년대 90,930명이던 지주가 1931년에는 104,704명으로 증가했고, 1920년대 19.5%이던 자작농이 1931년에는 17.0%로 감소하고 1920년대 37.4%이던 자작 겸 소작농이 1931년 31.5%로 감소하

---

\* 장현숙(1994 : 118)은 작품의 구조가 잘 짜여져 있는 점, 참신한 개성을 창출하고 있는 점, 가난한 농민들의 참상을 담담하게 묘사하고 있는 점, 일제의 수탈 정책에 굴절하는 인물들의 정신적 상태를 반영한 점에서 이 작품이 한국문학사에서 높이 평가받아야 한다는 주장을 한 바 있다.

고 있다. 소작농은 41.6%나 증가한다.34) 그로 말미암아 민중들의 삶은 비참한 처지에 놓이게 되고, 살길이 막막한 민중들은 살아남기 위하여 일본으로 건너가기도 한다. 달콤한 말에 속아 일본으로 간 사람들은 대부분 탄광에서 막노동을 하게 된다. 그런데 그들이 당시의 민중들을 어떻게 기만하고 있었는지는 다음 인용문에 잘 나타나 있다.

    막상 그 구주 탄광이란 데를 간즉 여기서 광부를 모아 갈 때의 말과는 틀려 월급이 아니고 일급이더라는 것, 그래 어떠한 일이 있어서 굴에 들어가지 못했던간에 굴에 들어가지 않은 날은 일일이 품삯을 깎더라는 말과 먹고 자는 것도 거저라더니 꼭꼭 받더라는 것, 그리고 대체 일본이라는 데는 비가 많이 온다는 곳이지만 그해는 예년에 없이 더 심한 장마를 만나 하고 한 날 다른 건 그만두고 밥값이라도 벌어야 할 텐데 하고들 탄식만 하던 끝이라 굴에 들 수 있은 날 시간외까지 들어갔다가 그만 굴이 무너 앉았다는 이야기와 다음날 정신이 들어서야 바우 아버지는 자기의 오른편 다리 하나가 없어진 것을 알았다는 것, 그러고도 얼마 후에야 그때 굴 밑에 깔려 죽은 사람 중에 곰녀 아버지도 들어 있었다는 것을 알았으나 그 곰녀 아버지의 시체와 자기가 바뀌었다는 것은 병원에서 나올 때까지 통 알지 못했다는 것, ……35)

아울러 해방 직후 귀환 동포들의 애환이 생생하게 드러나 있다. 독립이 민중들의 삶을 빈곤과 혼란으로부터 완전히 벗어나게 해준 것이 아니고 여전히 계속되고 있음을 보여주고 있다. 이것은 일제로부터 해방은 되었지만 여전히 일제의 잔재를 청산하지 못한 우리 민족의 수난을 형상화한 것으로 보인다.

민중들은 해방의 감격을 느끼기도 전에 분열된 민족적 현실과 친일파가 득세하는 타락한 현실의 재물이 되어간다. 술을 마시지 않고서는 견딜 수 없는 현실 속에서 산옥의 죽음은 새로운 희망을 가지고 해방 이후를 대비하던 사람들에게 하나의 경종을 울리기에 충분한 것이다. 곰녀는 하르반과의 결혼이 50대 영감의 첩살이라는 사실을 알고 해방된 조국에서 어떻게 살아가야 할 것인가를 다시 한번 생각하기에 이른다.

단편집 『목넘이 마을의 개』에는 〈술〉, 〈두꺼비〉, 〈집〉, 〈황소들〉, 〈담배 한 대 피울 동안〉, 〈아버지〉, 〈목넘이 마을의 개〉 등 7편의 작품이 수록되어 있다. 이들 작품은 작가의 신변 체험적 소재를 중심으로 일제하와 해방기의 혼란한 사회 속에서의 동족간의 갈등과 대립의 모습을 담고 있다. 당대의 모순과 이념적 갈등을 투영한 작품으로 주목할 작품으로는 〈황소들〉과 〈목넘이 마을의 개〉를 들 수 있다.

  그런데, 아, 큰일이다. 바우의 눈앞에는 그 무서운 총대 앞에 아버지와 동네 사람들이 나가쓰러지는 모양이 떠오르는 게 아닌가. 그러는 아버지와 동네 사람들의 눈에 빛나는 게 있었다. 눈물이었다. 그리고는 모두 꿈틀거린다. 마치 지렁이도 밟히면 꿈틀거린다는 듯이. 그리고 모두 울부짖는다. 이대루 가단 아무래도 다 굶어 죽을 목숨여. 누가 공출을 안 하겠다는 건 아니여. 공평하게 해달라는 것이지.36)

인용한 글은 〈황소들〉의 한 대목이다. 공출에 대한 농민들의 분노가 지주와 사회적 모순에 대한 반발로 이어지고 있는데,

이를 통하여 작가의 현실 인식을 어느 정도 엿볼 수 있다. 그의 작품에서 드물게 볼 수 있는 현실의 모순에 대한 직접적인 반응이 드러난 대목이다. 그렇지만 적극적인 대항 의지를 보여주고 있는 것은 아니다. 그저 '황소들'처럼 묵묵히 행동하고 있는 인물들이 등장하고 있을 뿐이다.

〈목넘이 마을의 개〉는 다른 어떤 작품보다도 당대 현실에 대한 비판, 화해와 공존에 대한 열망이 여실히 드러나고 있다. 이 작품은 1946년 5월 월남한 이래 그가 줄곧 관심을 가져온 당대의 사회상과 가난하고 굶주린 사람들의 삶을 그린 소설 중의 하나이다. 특히 비참한 삶 속에서도 같은 민족으로서의 동질성을 신둥이라는 개를 통해 확인하고 있는 점은 이념적 갈등이 가져온 민족의 비극을 치유하기 위해 그가 보여준 하나의 전망으로 보인다.

지주를 대변할 수 있는 동장이 어디선가 흘러 들어온 신둥이를 미친개라고 죽이려들 때 우매한 민중들인 동네 사람들은 현실을 객관적으로 보지 못하고 동장의 선동에 전적으로 좌지우지된다. 다만 나이가 든 간난이 할아버지만이 따뜻한 인간애로서 새끼를 밴 신둥이를 감싸고 도망칠 수 있는 퇴로를 만들어주기까지 한다.

    이튿날 아침, 일찍 일어나기로 유명한 간난이 할아버지가 수수깡 바자문을 열고 나오다가 방앗간 밑에 엎디어 있는 신둥이를 발견하고 되들어가 지게작대기를 뒤에 감추어 가지고 나왔다. 미친개기만 하면 단매에 죽여버리리라. 신둥이 편에서도 인기척 소리에 놀라 일어났다. (중략) 미친개가 아니다. 적어도 아직까지는 미

치지는 않은 개다. 간난이 할아버지는 뒤로 감추었던 작대기 든 손을 늘어뜨리고 말았다.37)

동네 사람들이 방앗간의 터진 두 면을 둘러쌌다. 그리고 방앗간 속을 들여다보았다. 과연 어둠 속에 움직이는 게 있었다. 그리고 그게 어둠 속에서도 흰 짐승이라는 걸 알 수 있었다. 분명히 그놈의 신둥이 개다. 동네 사람들은 한 걸음 한 걸음 죄어들었다. (중략) 문득 간난이 할아버지는 이런 새파란 불이란 눈앞에 있는 신둥이 개 한 마리의 눈에서 나오는 것이 아니고 여럿의 몸에서 나오는 것이 합쳐진 것이라는 생각이 들었다. 말하자면 이 신둥이 개의 뱃속에 든 새끼의 몫까지 합쳐진 것이라는. 그러자 간난이 할아버지의 가슴속을 흘러 지나가는 게 있었다. 짐승이라도 새끼 밴 것을 차마? (중략) 누가 빈틈을 냈어? 하는 흥분에 찬 소리가 들렸다. (중략) 간난이 할아버지는 옆의 자기 집으로 들어갔다. 좀 뒤에 역시 큰 동장의 결난 목소리로, "늙은 것은 뒈져야 해, 뒈져야 해." 하는 소리가 집안까지 들려왔다.38)

신둥이가 새끼를 밴 것은 상징적 의미가 있다. 이념과 지역적 차이에도 불구하고 민족의 내면에 도도히 흐르는 동질성을 강조하기 위한 장치로 볼 수 있는 가능성이 얼마든지 있다. 때문에 간난이 할아버지는 전혀 이질적인 신둥이를 받아들일 수 있었던 것이다. 결국 신둥이는 마을의 개들의 씨를 받아 새끼를 낳게 됨으로써 어쩌면 대가 끊겼을지도 모를 마을의 개의 종족을 보존한다. 그러나 신둥이는 끝내 포수의 총에 맞아 죽고 만다.

이 작품은 한 마리의 개를 통하여 모진 박해 속에서도 자신의 몸을 보호하고 종족을 남겨 대를 잇는 강인한 생존 본능을 형상화하고 있다. 이것은 우리 민족의 수난을 암시하는 한편 그러한 고난과 역경 속에서 우리의 전통을 꿋꿋이 이어온 백의 민족의 질긴 생명력을 개를 통하여 형상화한 일종의 우화소설로 볼 수 있다. 작품의 전편에 걸쳐 휴머니즘이 주조를 이루고 있으며 당대 사회의 혼란을 극복할 수 있는 전망을 어느 정도 제시해 준 것으로 보인다.39)

〈아버지〉는 아버지의 삶을 통하여 당대의 민족사를 관찰자적 시각에서 조망하고 있는 작품이다. 그의 부친은 3·1운동 때 이승훈과 더불어 독립운동에 관여했다가 옥살이를 한 바 있으며,40) 해방 직후 수감 동지와 안국동에서 만나 '왜놈식의 무단정치가 이 땅에 다시 활개를 쳐서는 안' 된다는 이야기를 순원에게 해준 바 있다. 이 작품은 여러 개의 삽화로 이루어져 있다. 안세환의 소개로 부친이 이승훈을 만난 이야기, 부친이 독립선언서와 태극기를 돌리던 이야기, 내가 오산중학 시절 만난 이승훈의 이야기, 고문으로 정신질환자가 된 안세환의 이야기, 수감 중의 아버지와 농사꾼 청년의 이야기, 10월 사건에 관련되어 피신을 온 그 농사꾼 청년의 이야기 등이 그것이다.

이 작품에는 농사꾼 청년을 통해 3·1운동과 10월 사건이 결코 무관하지 않고, 서로 긴밀히 연관되어 있음이 드러난다. 작가가 역사를 바라보는 안목을 여실히 보여준 작품이라고 할 수 있다.

그러다가 무슨 말끝엔가 그이가 이번 서울 올라온 건 신탁통치 문제 때문이란 거야. 시골서는 어떠케 종잡을 수가 없다구 하더군.

신탁통치 찬성해야 할지 반대해야 할지 말이야. 그걸 분명히 알아 가지구 내레 가서 자기 사는 고장에서 운동을 일으키겠다는 거야. 결국 어느 모루든 왜놈식의 무단 정치가 이 땅에 다시 활개를 쳐서는 안 된다는 거지. 그래 자꾸만 삼일운동 때 일이 생각나 못견디겠더라나. 그러니 또 자연 그때 감옥에서 같이 지내던 우리 넷의 일두 새삼스레 머리에 떠오르구. 그날만 해두 삼일 당시의 우리들의 일이 새로워 디대 놔서 거리에서 날 어기자 나라는 걸 곧 알 수 있었대. …… 그이두 인젠 귀밑에 흰털이 퍼그나 뵈더라. 그런데 그 시커멓게 탄 주름잽힌 얼굴이 어떠케나 환히 쳐다 뵈던지, 그리구 말하는 거라든지 생각하는 게 어찌나 젊었던지, 나까지 막 다시 젊어지는 것 같더라.41)

　3·1 운동과 10월 사건이 어떻게 농사꾼 청년에 의해 정신적으로 연결되고 있는가가 비교적 잘 드러나 있다. 이에 대하여 김윤식은 〈아버지〉를 두고 3·1 운동과 10월 인민항쟁을 교묘하게 연결시킨 점에서 작가의 높은 안목과 지나치게 지적인 작업을 엿볼 수 있는 작품이라고 지적한 바 있다.42)

　단편집『곡예사』는 전쟁의 상흔과 인간성 상실의 문제를 다룬 작품들이 많다. 그 가운데 〈어둠 속에 찍힌 판화〉와 〈곡예사〉는 작가의 자전적 체험을 바탕으로 당대의 민족적 비극을 형상화하고 있다.

　〈어둠 속에 찍힌 판화〉는 전쟁의 와중에서 서사적 자아가 느끼는 불안의식, 초조감과 더불어 생존을 위하여 어린 자식에게 신문팔이를 시켜야 하는 자책감을 사실적으로 그리고 있다. 이 소설에서 서사적 자아는 외면적으로 당대의 타락한 현실과 대립하고 있지만, 내면적으로는 주인 사내와도 갈등 양상을 보여주고 있다.

이 소설에서 어둠 속에 찍힌 판화는 서사적 자아의 가슴속에 찍힌 아이들의 판화와 주인 사내가 연출한 판화가 있다. 주인 사내는 아내 몰래 총알이 든 작은 상자를 감추기 위해 어둠 속을 헤매면서 판화를 찍고 있다면, 나는 생존을 위해 자식을 위험한 곳에 내보냄으로써 가슴속 깊은 곳에 판화를 찍고 있는 것이다.

> 나는 이 판화 속 사내가 들어오기를 기다릴 것이 아니라 어서 뜰 아래 우리 방으로 돌아가고만 싶었다. 돌아가 이날 밤도 같은 어둠 속을 몇 장의 신문을 안고 헤매다 돌아온 우리 두 어린것의 이불자락이라도 여며주고만 싶었다.43)

서사적 자아는 불안감과 절망감을 안고 어둠 속에 머물고 있지만, 주인집 사내와 아버지로서의 책임감과 사랑의 힘으로 인생의 의미를 되찾고 극한 상황에서 벗어나게 된다.

〈곡예사〉는 6·25 전쟁의 와중에 부산과 대구를 전전하다가 대구의 어느 피난지에서 느낀 굴욕과 분노를 객관적인 시각에서 서술하고 있는 자전적 소설이다. 서사적 자아는 피난민들에게 인간 이하의 대접을 하고 그들의 고통을 애써 외면하는 집주인의 몰인정에 비애와 분노를 느낀다.

> 앓는 사람의 나이와 같은 사람의 신발 한 짝을 가져다 어찌 어찌 하면, 그 앓는 사람의 병이 신발주인에게로 옮아간다는 것이다. 그러면서 아내는 이 댁에 우리의 선아만한 애가 며칠 전부터 무얼로 앓아 누웠다는 말이 있었는데, 그래서 신발 한 짝이 없어진 거

나 아닌지 모르겠다는 것이다. 불안스럽고 노엽고 슬프기까지 한 아내의 표정이었다.

　나는 그럴 리가 없다고 했다. 그러면서도 나 역시 아내에게 못지 않게 불안스럽고도 무엇에 노여운 감정이 가슴속에 움직임을 어찌할 수 없었다. (중략) 자기네 애가 귀하면 남의 자식도 귀한 법이다. 더욱이 우리의 선아는 네 애 중에 그중 가장 약한 애다. 이렇게 피난까지 나와 병이라도 들리면 구완할 길이 그야말로 막연한 것이다.[44]

특히 인간이기를 포기한 인간들의 넘쳐나는 현실과 그 속에서의 '곡예'는 전쟁이 가져온 비극적 상황이다. 작가는 이 작품을 서술하면서 '나 개인의 반감, 증오심, 분노'를[45] 억제하기 위해 노력해야만 했다고 밝힌 바 있다.

〈카인의 후예〉는 해방 후 1946년부터 시행된 토지개혁을 배경으로 북한의 혼란상을 보여주고 있는 작품이다. 해방의 감격이 가시기도 전에 토지 개혁으로 한 마을에 살던 사람들 사이에 벌어지는 갈등을 밀도 있게 그리고 있다. 농촌 공동체 사회에서 마찰 없이 유지되어 농민과 지주의 관계가 토지 개혁으로 어떻게 변화되고 있는가를 잘 보여주고 있다. 황순원은 카인의 원죄를 소유와 집착에 관한 욕망으로 비유한다. 가락골에 들어온 공산당원들은 인간 내면에 잠복해 있던 땅에 대한 소유욕을 부추겨 마을 사람들로 하여금 카인의 일면을 드러내게 만든다.

　그러면서도 한편 구미가 당기지 않는 바도 아니었다. 논밭이 자기 것이 된다! 생각할수록 가슴이 설레는 일이었다. 그러나 다음 순간 이들은 무슨 바라서는 안 될 것이나 바라는 것처럼 죄스러워

지는 것이다. 공연히 대통을 땅에 두드려보고, 코를 풀어내고 헛기침을 해보고 했다.[46)]

 "옳소오! 반동 부대지주 윤기풍을 타도하자아!" 좀더 많은 쟁기가 대번에 올랐다. 보아하니 모두 쟁기를 드는 바에는 쥐뿔나게 자기가 늦게 들 필요가 무어냐는 듯했다. 푸른 하늘 아래 쟁기 끝들이 번쩍이었다. 사람들의 얼굴에 점점 놀라움과 겁먹은 대신에 어떤 아지 못할 살기마저 떠돌았다.[47)]

 도섭 영감은 파멸되는 인간의 전형을 보여주는 인물이다. 도섭 영감은 토지 개혁 이후 아들 삼득이, 딸 오작녀와 끊임없이 갈등을 빚으며, 과거의 끈끈한 인정과 의리를 모두 버리고 이기심과 잔혹성을 보여준다. 그는 20여 년 동안 박훈의 집 마름으로 풍족한 생활을 누리던 인물이었다. 탐욕적인 그는 세상이 바뀌자 하루아침에 태도를 바꾸어 지주를 숙청하는 데 앞장선다. 생존 본능으로 훈의 할아버지 송덕비를 도끼로 부숴 버리기까지 하지만, 그는 반동 지주의 앞잡이 노릇을 하였다는 이유로 숙청 대상이 된다. 극한 상황에 처한 그는 "아들이고 누구고 비위에 거슬리는 놈은 모조리 낫으로 찔러 버리고만 싶은" 충동을 느끼는데, 이러한 충동은 '카인의 후예'로서의 살의로 볼 수 있다.
 박훈은 평양에서 공부하는 동안 조부와 아버지의 사망으로 지주가 된다. 그는 고향으로 돌아와서 배우지 못한 소작인의 자식들을 위해 야학을 연다. 그러나 해방이 되고 북한 정권이 들어서면서 그는 야학을 빼앗긴다. 또한 토지개혁의 물결이 이곳에도 밀려온다. 그는 숙청을 당할 절대절명의 순간 소작인의 딸이며 착하고 순진한 오작녀의 도움으로 위기를 넘긴다. 야학에서 몇 년 동안 잔심부름을 해주는 사이에 훈과 오작녀는 서로 사랑하게 된 것이다. 아버지 도섭 영감의 만류에도 불구하고 그녀는 훈과 함께 양짓골을 떠나며 훈을 죽이려던 도섭 영감은 살의를 버린다. 이 작품은 폭력과 증오가 소용돌이치는 역사의 현장에서 피어나는 남녀간의 사랑을 대단히 섬세하게 그려 내고 있다.

〈인간접목〉은 김 목사가 전쟁 고아들의 이야기를 정리하여 기록한 노트를 읽는 형식으로 쓰여진 소설이다. 노름을 좋아하는 미장이 아버지가 죽어서 고아가 된 차돌, 불장난을 하다가 엉겁결에 동생을 두고 도망쳐 나와 동생은 불에 타죽고 자신은 고아가 된 남준학, 전쟁통에 부모를 잃고 부산에서 누이와 헤어져 고아가 된 김백석, 피난민 수용소에서 꼬임에 빠져 매춘을 하다가 흑인 혼혈아를 낳고 포주의 시달림에 자살을 한 백석의 누이 등은 순진무구한 전쟁 고아들이다. 이들의 시선을 통하여 작가는 전쟁의 참상과 전쟁으로 훼손된 인간성 상실의 문제를 고발하고 있다.

홍 집사와 최종호 역시 전쟁으로 상처를 입는다. 홍 집사는 아내를 잃고, 최종호는 어머니와 오른팔을 잃는다. 홍 집사는 왕초의 비위를 맞추기에 급급하는 기회주의자이다. 최종호는 의사의 길을 포기하고 갱생소년원에서 일하면서 진심으로 원아들을 돌본다. 왕초가 원아들을 속임수로 빼내 가려고 할 때 그에 적극적으로 항거하는 인물도 최종호이다. 그에 의하여 정의가 불의를 이기고 사회 정의가 어느 정도 실현된다.

종호는 잠시 그 애의 뒷모습을 바라보며 서있었다. 알지 못할 따뜻한 감촉이 목줄기를 째릿하게 하는 것이었다. (중략) 모성애란 별것 아니다. 친히 궂은 것을 주무르고 매만지는 데서 생기는 것이다. 그러나 그 말은 쉬워도 실천에 옮기기란 여간 힘든 일이 아닐 것이었다. (중략) 인내가 필요하다. 종호는 무언가 자신에게 다지는 심정이 되면서 사무실 쪽으로 걸음을 옮겼다.[48]

종호를 애먹이던 원아들은 착한 심성을 지닌 자들이다. 종호는 원아들에게 자신의 진심을 보여준다. 종호의 인간적 진실에 감명을 받은 원아들은 상처받은 마음을 치유하고 제자리로 돌아온다. 짱구는 왕초의 똘만이가 되어 '훌륭한 왕초'가 될 것을 꿈꾸다가 왕초의 칼에 찔리지만, 종호가 뿌린 사랑의 불씨에 의해 '천사'로 회복되는 것이다.

단편집 『잃어버린 사람들』은 인습과 윤리에 저항하면서 사랑의 영원성을 그린 소설들과 이념의 대립과 갈등을 통하여 생명의 존엄성을 부각시키고 있는 소설들로 이루어진 작품집이다. 그 가운데 전자에 속하는 작품으로는 〈불가사리〉, 〈잃어버린 사람들〉 등을 들 수 있고, 후자에 속하는 작품으로는 〈산〉, 〈비바리〉, 〈소리〉 등을 들 수 있다. 특히 후자는 민족적 비극과 휴머니즘에 기조를 두고 있다.

〈산〉은 전쟁의 폭력성과 무관해 보이는 산골을 무대로 바우의 우둔하지만 건강한 삶을 그리고 있다. 그는 산돼지에게 받혀 후유증으로 죽은 아버지를 이어 산에서 덫을 놓고 살아간다. 바우 아버지는 백정의 자식으로 사랑하는 여자와 마음대로 결혼도 할 수 없는 처지였다. 불합리한 신분 제도와 이념의 대립은 더 이상 속세에 머물지 못하게 한 것이다.49) 아버지는 산돼지에게 받혀 죽어가면서도 바우더러 산을 떠나라고 하지 않는다. 산은 속세를 벗어나 자연과 더불어 살아가는 공간이기 때문이다. 산을 떠난 순간 바우는 백정으로 온갖 수모를 겪지 않으면 안 된다. 자신이 당한 설움을 자식에게 물려줄 수는 없었던 것이다.

바우는 덫을 살펴보고, 도토리를 주우러 가다가 낙오병들을 만난다. 소대장인 덧니박이 사내, 총잡이, 노랑수염, 배낭메기, 나중에 사내가 아닌 여자로 밝혀져 살인 사건의 발단이 된 젊은 사람 등과의 만남은 '여러 사람을 만난 반가움과 신기하고도 무서운 이 사람들의 행동이 그의 마음을 붙들어 놓기에' 충분했다.50)

그런데 함께 지내면서 그들의 잔학상을 목격하고 바우는 차츰 그들을 두려움의 대상으로 인식하기 시작한다. 낙오병들의 잔학상은 네 차례에 걸쳐 나타난다. 먼저 산아래 인가로 내려가서 총질을 하고 가난하게 살아가는 선량한 화전민들의 식량인 감자와 강냉이를 약탈해 온다. 다음으로는 약탈한 짐을 산까지 짊어지고 오도록 한 장정을 후환을 없애기 위해서 죽여 버린다. 그 다음으로는 젊은 여자를 차지하기 위하여 총잡이가 상급자인 소대장을 죽이자 동료들이 제비뽑기를 제안한다. 마지막으로 마을을 습격하여 잡아온 처녀를 서로 차지하기 위하여 제비뽑기를 제안한다. 인민을 위하여 성전을 벌였다는 그들은 생존을 위해 인민을 약탈하고 학살하며, 여성을 성적 대상으로 생각하고 있는 것이다. 바우는 그들의 잔학성에 본능적으로 거부감을 보인다.

　　지게를 진 채 바우는 두어 발 굴러 내려갔다. 총잡이가 쫓아 내려가며 이번에는 골통을 겨누고 내려쳤다. 그러나 너무 다급히 쫓아 내려가느라고 알맞은 거리에서 서지를 못하고 몸을 뒤틀었다. 바우가 지게를 벗고 일어났다. 그리고는 양손에 지겟다리를 잡고 마구 내둘렀다. 마른나무와 나무가 부딪는 소리를 내며 총잡이의 잡고 있던 작대기가 저만큼 가 떨어졌다. 그리고 다음 순간 그의 몸뚱어리마저 퍽 하고 꼬꾸라지고 말았다.
　- 사람 죽는다아!
　그 소리에 노랑수염과 배낭메기가 잠에서 깨어 달려 내려왔다. 그러나 바우의 살기 오른 기세가 눌려 범접을 못했다. 바우는 이마에서 흘러내린 피가 눈에 드는 것도 모르고 죽어 넘어진 상대편을 내려다보다가 두 다리를 잡아끌고 산허리로 돌아갔다. 바우가 시체를 산골짜기에 굴려 떨구어버리고 돌아오니 노랑수염이,
　- 참참 힘이 장살세,
　하고 치켜세우는 말을 했다.
　배낭메기는 오금이 저려서 아무 데나 대고 오줌을 갈겼다.
　그날 밤 노랑수염은 불씨에게 관솔불을 댕겨놓고 배낭메기에게 제비를 내밀었다. 오늘밤 처녀를 차지할 차례를 결정하자는 것이었다. 누웠던 바우가 발딱 일어나 앉았다. 낮부터 충혈된 눈이 관솔불빛에 확 타올랐다.
　- 참 자네두 있었지.
　노랑수염이 나뭇가지 하나를 더 꺾어 쥐고 바우 앞에 내밀었다. 그러자 바우는 제비를 내미는 노랑수염의 팔을 쳐팽개치고 구석으로 가 처녀의 손목을 잡고 굴 밖으로 나섰다. (중략) 바우는 처녀의 손을 마구 잡아끌었다. 무엇이 그렇게 하는지 자기도 몰랐다.[51]

소대장을 죽인 총잡이는 젊은 사람이 중대로 불려가자 그러한 사실이 알려질까 두려워하여 바우와 옷을 갈아입고 처녀를 데리고 도주를 하려고 했다. 바우는 그러한 속셈을 알지 못했지만, 불의의 일격을 받고 본능적으로 저항을 한 것이다. 그는 총잡이와 달리 순수한 마음에서 그녀를 데리고 도망치려고 한다. 그런데 처녀가 자신의 제의를 받아들이지 않고 반항을 하자 주먹으로 처녀의 어깻죽지를 쳐서 실신시킨 뒤 처녀를 등에 업는다. 이 장면은 지난날 어머니가 들려준 이야기와 너무도 흡사하다. 아버지는 본시 백정의 아들이었다. 그래서 아무리 아버지가 어머니를 좋아했어도 같이 살 수 없었다. 하는 수 없이 아버지는 어머니를 업고 이 산 속으로 도망해 들어왔던 것이다. 바우가 총잡이의 동료들이 있음에도 혼자 도망치지 않고 처녀를 구출하기 위하여 다시 그곳으로 돌아온 것은 휴머니즘의 발로로 볼 수 있다.

〈비바리〉는 1·4 후퇴 때 준이가 어머니와 서귀포의 어느 중늙은이 집에 기거하면서 생긴 이야기이다. 여기에서 준이는 비바리를 만난다. 그녀는 성적 매력을 지닌 여성으로, 두 마리의 말을 이용하여 준이와의 교합을 이루어 낸다. 그녀에게 인습과 윤리는 한낱 휴지조각에 불과하다. 자연에 동화하여 살면서 자연스럽게 그것을 초월하고 있다. 그녀는 오빠를 죽인 여인으로 낙인 찍혀 질시를 받고 살아간다. 준이는 그녀와 가까워지면서 마음에 병까지 얻는다.

삼촌으로부터 대구로 올라오라는 편지를 받은 준이는 제주도를 떠나야 하는 상황에 처하여 마지막으로 그녀를 만난다.

그는 비바리의 '흐리지도 빛나지도 않은 눈'을 보면서 자신의 의지와는 무관하게 육지로 나가 함께 살 것을 권유한다. 그런데 그녀는 육지로 나가 살 수 없다면서, 자신의 비극적 운명을 다음과 같이 이야기해 준다.

    준이는 이 비바리의 입으로부터 얼핏 이해하기 힘든 놀라운 이야기까지 들어야 했다. 그녀가 오빠를 죽인 것은 세상사람들이 말하듯이 오빠가 그 모양이 됐기 때문에 다른 가족마저 못살게 될까 봐 그런 건 아니라는 것이다. 어려서부터 오빠를 누구보다도 좋아한 것은 자기라고 했다. 오빠가 산으로 올라간 뒤에도 온갖 위험을 무릅쓰고 눈을 피해가면서 식량이니 옷이니 하는 것을 날라다 준 것도 자기라고 했다. (중략) 그때 이미 오빠는 산에서 병을 얻어 겨우 운신이나 할 수 있는 몸이었다. 도저히 그 이상 더 고역을 견뎌낼 수가 없는 형편이었다. 자수를 권해보았다. 오빠가 한참 말없이 이쪽을 바라보고 있더니 들고 있던 장총을 놓고 변소로 들어갔다. 그때 그녀는 알아차렸다는 것이다. 이 오빠를 다른 사람이 아닌 자기 손으로 제주도 땅에 묻어야 한다는 것을. 그리고 또 그것을 오빠 편에서 바라고 있다는 것을. 아마 그때부터 자기는 무슨 일이 있어도 제주도를 떠나서는 안될 몸이 됐는지도 모른다고 했다. 마지막으로 비바리는 자기 이야기에 끝이라도 맺듯이 앞으로 육지로 나가는 말을 볼 적마다 준이를 생각하겠노라고 하며, 좀 전에 얼룩 암말의 배를 쓰다듬던 솜씨로 자기의 배를 몇 번 쓰다듬고는 그 손으로 준이의 목을 와 안는 것이었다.52)

이 작품에서 두 남녀는 두 마리의 말과 동일시되면서 인간과 자연의 조화가 이루어진다. 준이는 육지로 갈 숫말과 동일시되고 있으며, 비바리는 제주도에 남을 임신한 암말과 동일시되고 있다. 특히 비바리가 얼룩 암말의 배를 쓰다듬다가 자기의 배를 쓰다듬는 행위는 새로운 생명의 탄생을 암시한다. 이념의 대립과 갈등이 빚어 놓은 황폐한 땅에 남녀간의 훈훈한 사랑이 새로운 세상의 도래를 가능하게 한 것이다.

〈소리〉는 근면한 농군이었던 덕구가 전쟁으로 겪게 되는 변화를 서술한 작품이다. 덕구는 전쟁터에서 생명에 대한 경외감으로 다른 사람들의 비인간적인 처사에 대하여 그것이 비록 시체 처리에 관한 일이라고 하더라도 그냥 지나치지 않을 만큼 휴머니즘이 강한 인물이다. 그러나 참혹한 전쟁의 와중에서 차차 비인간적 행위에 익숙해져 간다. 급기야 총에 맞아 왼쪽 눈을 잃으면서 자학적으로 바뀌고, 그는 악몽에 시달린다.

가까스로 고개를 쳐들어 밧줄 끝을 더듬어 보았다. 깜짝 놀랐다. 지금 허리를 구부정하고 밧줄을 끄는 사람은 다른 사람이 아닌 덕구 자신인 것이다. 얘, 이 죽일 놈아, 밧줄을 놔라, 나다 나야, 덕구다 덕구, 그래 내가 안 보이느냐, 한쪽 눈마저 찌부러졌단 말이냐? 그러자 밧줄을 끌던 덕구 자신의 모양은 사라져 없어졌다. 이제야 살았다 하는데, 그냥 밧줄이 끌려 내려가는 것이다. 보니 이번에는 밧줄 끝에 사람의 주먹만한 것이 붙어서 굴러 내려가는 것이다. 붉은 핏덩어리였다. (중략) 마지막으로 안간힘을 써 목청껏 부르짖었다. 사람 살류우! 자기가 지른 소리에 자신이 놀라 잠이 깨었다.53)

덕구는 자기 목을 한번 어루만지며 부르르 몸을 떨었다. 추위 때문만이 아니었다. 금방 꾼 흉악한 꿈이 몸에 배어 사라지지 않는 것이다. 그 밧줄 끝에 붙어 굴러 내려가던 붉은 핏덩어리가 아직도 눈앞에 선했다. 이렇게 꿈자리가 사나운 걸 보면 필경 아내는 하혈을 한 채 일을 당했음에 틀림없다는 생각이 들었다. 덕구는 지금 꿈 아닌 생시에 자기 몸이 어떤 깊은 구렁텅이로 미끄러져 들어가는 듯함을 느꼈다.54)

전역 후 전구는 노름판을 전전하는 건달로 전락한다. 임신한 아내를 생각하고 마음을 고쳐먹기도 하지만 씨암탉이 없어진 사건을 계기로 마을 사람들이 그것을 자신의 소행으로 몰아붙이자 다시 건달의 생활로 돌아간다. 아내가 씨암탉 이야기를 꺼내자 아내의 배를 차고 집을 나와 버린다. 잃어버린 씨암탉이 산에서 알을 품고 있는 것을 발견한 덕구는 닭과 병아리가 다 된 달걀을 점박이 아주머니에게 삶아 달라고 한다. 그녀는 아내의 출산을 축하해 준다, 아울러 달걀 속의 생명체에 대하여 아무리 '닭새끼라두' 생명을 그렇게 다루어서는 안 된다면서 '누구네 집에 안는 닭이 없'55)냐고 한다. 여기에서 팔삭둥이 아이와 달걀 속에 들어있는 생명체는 동일시되고 있다. 덕구는 달걀을 통하여 비로소 자신의 내면에 감추어져 있던 휴머니즘을 되살리게 된다. 달걀에서 들려오는 소리를 통하여 생명의 소리를 듣게 된 것이다.

단편집 『학』에는 6·25 전쟁을 전후한 현실의 모순과 황폐한 삶이 서정적으로 드러나 있는 작품집이다. 여기에는 〈소나기〉, 〈두메〉, 〈매〉, 〈과부〉, 〈학〉, 〈맹아원에서〉, 〈사나이〉, 〈왕모래〉, 〈부끄러움〉, 〈필묵장수〉 등이 수록되어 있다. 〈소나기〉·〈두메〉·〈매〉·〈과부〉·〈사나이〉는 전쟁을 배경으로 하지 않은 작품이고, 〈학〉·〈맹아원에서〉·〈왕모래〉·〈부끄러움〉·〈필묵장

수) 등은 전쟁을 배경으로 한 작품이다. 이 가운데 가장 주목할 만한 문제작이 〈학〉이다.

〈학〉은 6·25 전쟁이 가져다 준 비극적 상황과 인간애를 소설화한 것이다. 어려서부터 농사밖에 모르고 자란 두 친구, 성삼과 덕재는 전쟁을 겪으면서 서로 반대편으로 갈라서서 적으로 만난다. 성삼은 치안대 사무소에서 농민동맹부위원장을 지내다가 체포된 덕재를 발견한다. 덕재는 본의 아니게 농민동맹부위원장을 맡았으며 병든 아버지와 곧 낳게 될 첫애 때문에 도망을 하지 않고 있다가 잡힌 것이다.

성삼은 다른 대원을 대신하여 덕재의 호송을 자청한다. 그는 결코 덕재에게 호의를 베풀지 않으리라고 다짐을 하지만 덕재가 자신에게 보여주었던 어린 시절의 우정을 생각하고 심적 갈등을 겪는다. 고개를 내려온 그는 들판 가운데서 학을 발견하고는 어린 시절의 일을 다시 연상한다. 그는 덕재에게 학 사냥이나 한번 하자면서 포승을 풀어 준다.

'얘, 우리 학 사냥이나 한번 하구 가자.'
성삼이가 불쑥 이런 말을 했다.
덕재는 무슨 영문인지 몰라 어리둥절해 있는데,
'내 이걸루 올가미 만들어 놓게 너 학을 몰아오너라.'
포승줄을 풀어 쥐더니, 어느새 성삼이는 잡풀 새로 기는 걸음을 쳤다.
대번 덕재의 얼굴에서 핏기가 걷혔다. 좀 전에, 너는 총살감이라던 말이 퍼뜩 머리를 스치고 지나갔다. 이제 성삼이가 기어가는 쪽 어디서 총알이 날아오리라.

저만치서 성삼이가 홱 고개를 돌렸다.
'어이, 왜 멍추같이 게 섰는 게야? 어서 학이나 몰아오너라!'
그제서야 덕재도 무엇을 깨달은 듯 잡풀 새를 기기 시작했다.56)

이 작품은 동족 상잔이라는 민족적 비극 속에서도 찬연히 빛나는 순수한 우정을 통하여 이념을 초월한 따뜻한 인간애를 서정적으로 승화시키고 있다. 이를 통해 작가는 순수한 인간의 본성(학)과 진정한 의미의 인간다운 삶이 무엇인가를 깊이 생각하도록 여운을 남겨 준다.

장편 〈나무들 비탈에 서다〉는 전쟁터로 내몰린 젊은이들이 극한 상황 속에서 인간의 내면에 존재하는 죄악을 발견하고 괴로워하지만 출구를 찾지 못하다가 급기야 자기 파괴로 치닫는 현상을 보여주고 있다. 순수함의 표상인 동호는 어머니의 전형인 숙에게 의존하여 악한 주변으로부터 자신을 지켜 내려 하지만 무기력하게 무너진다.

그들은 새삼스레 주위가 너무 고요하다는 걸 느꼈다. 이 괴괴한 어느 지점에서 혹시 누가 자기네를 줄곧 감시나 하고 있지 않나 하는 생각에 어떤 말 못할 압박감이 엄습해 왔다. 동호는 다시금 엄청나게 두꺼운 유릿속에 자신이 들어가 있다는 느낌에 억눌려야만 했다. 이 유리가 저쪽 어느 한 귀퉁이에서 부서져 들어오기 시작하면 걷잡을 수 없이 몽땅 조각이 나고 말테지. 그리고 무수히 날이 선 유릿조각이 모조리 몸에 들어박힐 거라. 동호는 전신에 소름이 끼쳐 몸을 한번 떨었다. 어떤 새로운 움직임만이 이 벅찬 중압감에서 벗어날 수 있다고 생각됐다. 남은 집을 마저 수색하기 시작했다.57)

현태는 극한 상황을 누구보다도 대담하게 돌파할 수 있는 영웅주의적 사고를 가진 자이지만 내면 깊이 숨겨진 죄의식의 표출로 술과 여자로 도피하고 만다. 윤구는 생존의 문제에만 연연한다. 작가는 구원의 실마리를 숙에게서 찾는다. 결국 현태의 아이를 낳아 기르겠다는 결심을 하게 만든다. 전쟁의 피해자들을 감싸 안을 수 있는 것은 모성적 사랑밖에 없었던 셈이다.
　작가는 이 작품에서 전쟁이 인간을 어떻게 파괴해 나가는지를 섬세한 필치로 그려 내면서, 인류의 죄악의 가장 극악하고 흉포한 모습을 드러내는 현장인 전장을 장시간 겪어야만 했던 한국의 젊은이들의 암담하기 그지없는 정신적 폐허가 그들만의 문제가 아니라 우리 모두의 문제임을 보여줌으로써, 인간 구원의 문제를 절박한 물음으로 제기하고 있는 것이다.
　단편집 『너와 나만의 시간』은 이념의 대립과 갈등을 사랑과 휴머니즘으로 극복하고 있는 작품들을 수록한 작품집이다. 특히 〈모든 영광은〉, 〈너와 나만의 시간〉, 〈가랑비〉 등은 전쟁을 소재로 하고 있으면서도 전쟁의 상처와 분노보다는 따뜻한 인간애를 다루고 있어서 그의 작품이 인간 구원의 문제에 초점을 맞추어 가고 있음을 느끼게 해준다.
　〈모든 영광은〉은 서사적 자아가 6·25의 와중에서 밀고와 보복으로 고통스러워하는 사내의 이야기를 서술하고 있는 작품이다. 그는 동료의 밀고로 인민군 치하의 내무서원에게 붙잡혀 산욕열을 앓던 아내와 갓난아이를 잃는다. 분노에 찬 사내는 1·4후퇴 당시 부둣가에서 동료의 뒤통수를 발견하고 파출소

순경에게 밀고한다. 휴전 후 학교로 자신을 찾아온 동료 부인에게 '내가 맛본 쓰라림을 너희들도 맛봐야 한다'고 생각하고 여전히 냉소적 태도를 보이지만 그의 아들의 뒷모습을 보고 증오의 감정이 사라진다.

　무심코 저는 교정을 내다보았습니다. 유리창 밖으루 지금 정문을 향해 걸어 가구 있는 여인이 보였습니다. 그러자 저는 흠칫 하구 의자에서 일어섰습니다. 지금 어머니 곁에 붙어서 타박타박 걸어 가구 있는 사내애의 뒤통수 모양이 어쩌면 제가 밀고한 그 사내와 그렇게 같습니까?58)

　사내는 '제 옆자리에 수시로 나타나는 뒤통수의 환영을 감당하지 못'하고 마침내 학교를 그만두기에 이른다. 그는 그 길로 배다리 시장으로 간다. 시장 한 귀퉁이에 앉아 '영양실조에 떨어진 두 애'를 양쪽 무릎에 잠재우고 과자 나부랭이를 팔고 있는 그녀를 발견한다.59) 그는 그들을 데려다가 부양한다.
　마지막에 그는 서술자에게 그녀를 진심으로 사랑하면 결혼하겠다고 밝힌다. 서술자는 이미 결혼한 것이나 다름없는 것 아니냐고 하면서 흐뭇한 눈으로 그를 바라본다. 사내의 집 부근에 이르러 헤어지면서 서사적 자아는 모든 영광을 '지금 새로운 생활을 향해 어두운 계단 위에서 저렇듯 자기 신체의 한 부분을 닦달질하고 있는 저 가엾도록 착한 한 사람의 사내에게'라고60) 중얼거린다.
　〈너와 나만의 시간〉은 주 대위, 현 중위, 김 일등병은 산 속에서 길을 잃고 방황하는 낙오병들이다. 주 대위는 허벅다리에 관통상을 입었지만 죽음에 대하여 두려움을 느낀다. 현 중위는 주 대위가 자결하기를 바라지만 주 대위는 그러한 시선을 외면한다. 현 중위는 기다리다 지쳐 탈출을 시도한다.
　주 대위는 김 일등병에게도 떠날 것을 권한다. 주 대위는 현 중위가 아군 진지를 찾아가 구원병을 보내 줄 것을 기대하지만, 현 중위는 낭떠러지에 떨어져 죽고 만다. 현 중위의 죽음을 확인한 주 대위는 자결을 결심한다. 그런데 그때 퐃소리와 함께 개 짖는 소리가 들려온다. 그리하여 그들은 죽음에 도전하게 된다.

　　- 내일쯤은 까마귀떼가 더 많이 몰려들겠지. 눈알이 붙어 있는 것두 오늘밤뿐야.
　이 말이 채 끝나기도 전에 갑자기 권총소리가 그의 귓전을 때렸다.
　깜짝 놀라 돌아다보니 어둠 속에 주 대위가 권총을 이리 겨눈 채 목 속에 잠긴 음성치고는 또렷하게,
　　- 날 업어!
　하는 것이었다.
　김 일등병은 무슨 영문인지 몰라 하면서도 하라는 대로 일어나 등을 돌려주는 수박에 없었다.
　　- 자, 걸어라!
　김 일등병은 자기 오른쪽 귀 뒤에 권총 끝이 와 닿음을 느꼈다. 등성이를 넘어 컴컴한 나무숲으로 들어섰다.
　　- 좀 서!
　입힌 주 대위가 잠시 귀를 기울이고 나서,
　　- 왼쪽으루 가!
　좀 후에 그는 다시,

- 잠깐만.
　그리고는,
　- 앞으루!
　(중략) 그제야 김 일등병의 귀에도 무슨 소리가 들렸다. 그것이 점점 개 짖는 소리로 확실해졌다.61)

〈가랑비〉는 경찰관이라는 이유로 아내와 어린 자식을 빨치산에게 잃은 서사적 자아가 자신의 비극적 현실을 어떻게 극복하고 있는가를 보여준 작품이다. 그는 가매장한 아내와 어린 자식의 시체를 파내다가 '어린것의 아랫니 두 개가 진흙물이 들어' 있는 것을 발견한다. 그는 남편이 자진해서 산사람이 되었다는 이유로 산사람의 가족들에게 복수를 하려고 한다.

　그는 눈을 똑바로 뜨고 여자더러 서라고 했다. 그리고 이쪽을 향해 앉게 했다. 여자는 모든 걸 단념한 듯이 하라는 대로 순순히 좇았다. 그는 카빈총 방아쇠에 손가락을 걸었다. 여자가 소름치듯 하며 눈을 감았다. 하얗게 식은 얼굴에 빗물이 방울져 흘렀다.
　그는 눈을 똑바로 뜨고 이쪽을 보라고 했다. 총구를 바라보게 하고 쏠 작정이었다. 그는 다시 어린애도 이쪽을 향해 안으라고 했다. 어린놈도 앞가슴에다 정통으로 구멍을 뚫어놓고 말 테다.62)

여자가 어린것을 포대기에서 뽑아들었을 때, 그는 '어린것의 하얀 아랫니 두 개'를 발견한다. 아랫니 두 개는 천진난만한 어린아이를 상징한다. 어린아이의 모습에서 그는 죽은 자식의 모습을 떠올리고, 그들을 용서한다. 마지막 장면은 대단히 극적이다. '글쎄 바루 지척에다 두구 총을 두 방씩이나 헛맞췄'63)다고 서술하고 있다. 자식에 대한 복수심이나 경찰관으로서 직분보다는 어린 생명에 대한 애착이 앞선 것이다. 그러한 결단에 대한 책임은 자신이 져야 할 일이다. 때문에 그 사람은 경찰관직을 그만두고 만다.

(3) 절망적 현실과 인간 구원의 문제

군부 독재 시대와 산업화 사회의 도래로 1960년대 이후 한국 사회는 극도의 혼란에 빠져 든다. 4·19혁명으로 분출한 자유와 민주주의에 대한 염원과 5·16쿠데타에 의한 절망감은 많은 지식인들과 대학생들을 거리로 내몰았으며, 철저한 감시와 통제로 소외 문제와 생명의 존엄성에 대한 인식이 그 어느 때보다도 중요한 화두로 등장하였다. 많은 작가들이 자유에 대한 염원과 인간 구원의 문제에 천착한 것은 이에 연유한다.

황순원 역시 예외는 아니다. 4·19혁명이 5·16쿠데타로 실패하자 많은 지식인들과 학생들이 절망했는데, 그러한 경향을 담은 작품이 〈온기 있는 파편〉, 〈숫자풀이〉 등이다. 또한 그는 초기작으로부터 최근의 작품에 이르기까지 줄기차게 인간 구원의 문제를 탐구하고 있다. 그것은 이념의 갈등과 대립을 다룬 작품에서도 예외 없이 드러나고 있다. 인간 구원의 문제가 좀더 구체화되어 나타난 것은 1960년대 이후의 일이다. 그 가운데 가장 대표적인 작품이 〈일월〉, 〈움직이는 성〉, 〈신들의 주사위〉 등이다.

〈온기 있는 파편〉은 자유와 민주주의를 위하여 4·19데모

대열에서 끝까지 투쟁하지 못하고 시위대에서 도망을 친 서사적 자아의 자의식의 갈등을 그린 작품이다. 준오는 총을 맞지 않은 것을 다행으로 알고 비겁하게 시위대에서 도망을 친다. 그런데 도망을 치다가 총을 맞고 부상을 당한다. 이때 총알을 헤치고 용감하게 돌진하여 준오를 구해 준 여성이 있었다. 그녀는 남편이 감옥에 간 사이에 생존을 위해 매춘을 한 여인이었다. 그녀에 의해 그는 영웅으로 대접받게 된다. 이로 말미암아 준오는 심한 자책감에 빠져 든다.

　학교에서 준오는 언제나처럼 친구들이 자기를 4·19의 부상자로 바라보는 눈을 피하기에 힘써야만 했다. 나는 4·19의 영웅도 아무 것도 아니다. 오히려 비겁하게 외면하려다 엉뚱한 데서 유탄에 맞은 것뿐이다. 그러면서도 그것을 털어놓고 이야기하지 못하는 자신을 어찌할 수 없었다. 그리하여 목욕탕 같은 데에 갔을 때 누가 보고 흉터냐고 물을까봐 애써 상처자국을 타월로 가리곤 했다.[64]

　준오는 그녀에게 총알이 날아오는 상황에서 어떻게 자기를 구할 생각을 하게 되었는지 묻는다. 그에 대하여 그녀는 데모 때문에 매일 공치다가 그날은 낮부터 손님을 끌려고 나갔으며, 그렇게 심한 상처를 입은 줄 모르고 그에게 달려들었다고 밝힌다. 인간의 존엄성이 무참히 유린되는 열악한 삶 속에서도 생에 대한 적극적 의지와 따뜻한 인간애를 잃지 않은 그녀를 통하여 준오는 비로소 삶에 대한 치열한 인식과 대결 의지를 키워 간다.

　〈숫자풀이〉는 4·19에 동참하지 못한 죄의식으로 정신이상자가 되어 버린 한 젊은이의 내면의식을 독백체로 서술한 소설이다. 이 작품에서 '허연 얼굴빛'의 서사적 자아는 '검은 손님'과 대립적으로 설정되어 있다. 서사적 자아가 지향하는 바는 4·19 이전으로의 회귀이다. '나'는 '검은 손님'의 방문으로 달력이 없어졌다고 생각한다.

> 검은 손님이 방 한가운데에 우뚝 버티고 서있는 게 아닙니까. 문을 여는 순간 검은 손님은 방 가득히 부푸는 것 같았습니다. (중략) 대체 검은 손님은 어디로 빠져 나간 것일까요. 출입문은 마루 쪽으로 나있는 것 하나밖에 없습니다. 검은 손님이 돌아갔다면 그리로 나갔을 터인데 나는 보지를 못했던 것입니다. (중략) 나는 방 안을 둘러보았습니다. 아, 없어진 게 있었습니다. 다른 물건은 다 그대로 있는데 벽에 걸어두었던 달력이 온데간데없어졌습니다. 나는 다시 동생에게, 그 손님이 달력을 떼 갔느냐고 물었습니다. 그제야 동생은, 며칠 전에 형이 떼어서 불에 태워버리지 않았느냐고 퉁명스럽게 대꾸합니다. 어림도 없는 소리! 내가 언제 달력을 떼어다 불에 태워? 그 손님이 떼어간 것이다. 내 죽음에 유예를 주는 대신 내 세월을 몽땅 몰수해간 것이다!(65)

달력은 단순히 달력만을 의미하지 않는다. 그것은 자신의 삶이 채워진 기록물이다. 비정상적인 서사적 자아는 자신의 나약한 태도에 환멸을 느끼면서 살아가다가 잊고 싶은 자신의 과거를 '검은 손님'이 가져갔다고 생각하게 된다. 자신의 무의식이 은연중에 표출된 것으로, 정신분석학적 접근을 가능하게 하는 대목이다.

몰수당한 자신의 세월을 되찾기 위하여 서사적 자아는 4·19

의 9와 6을 바꾸어 놓는 숫자놀이를 하면서 1960년 4·19는 1690년 4·16으로 바로잡아야 한다고 생각한다. 때문에 그는 회사의 사무기록에서 틀린 것을 바로잡기 시작한다. 9자는 6자로, 6자는 9자로 모두 바꾸기 시작한 것이다.66) 이러한 생각은 바로 죄의식으로 점철된 과거를 잊어버리고 싶은 서사적 자아의 무의식의 표출로 볼 수 있다.

〈온기 있는 파편〉과 〈숫자풀이〉가 수록된 단편집 『탈』에는 총 21편의 단편소설이 수록되어 있다. 그 가운데서 〈우산을 접으며〉, 〈이날의 지각〉, 〈원색 오뚜기〉, 〈피〉, 〈주검의 장소〉 등은 실존의 문제를 다루고 있는 작품으로 주목할 만하다.

〈우산을 접으며〉는 극한 상황 속에서 새로운 삶을 지향하는 서사적 자아의 의지를 보여주고 있다. 제목이 암시하고 있듯이 이 작품에서 '외롭고 불행한 고기'인 블랙몰리는 악기점 점원으로 근무하는 혜경과 동일시된다. 허웅은 은퇴한 피아니스트로 회갑기념 연주회를 준비하다가 왼쪽 팔이 마비되어 남의 좋은 연주를 듣거나 새로 나온 디스크를 사오곤 하다가 우연히 혜경을 만나게 된다. 그는 열대어를 기르는 동안 블랙몰리에 애정을 갖는다. 그에게 블랙몰리는 혜경의 모습과 다를 바 없었다.

무릇 생명이란 덧없는 것이지만, 금붕어나 열대어처럼 맹랑하게 숨이 지는 생물도 흔하지는 않을 것이다. 사람이 미처 죽어간다는 걸 눈치채지도 못한 동안에 이미 머리를 바닥 모래에 박고 죽어있거나, 물에 모로 떠서 움직이지 않는 수가 있는 것이다.
네 마리 중 세 마리씩이나 죽고 현재 살아 남아 있는 블랙몰리도 어느 때 또 숨을 거둘지는 알 수가 없다. 그저 그 죽음의 양태

만은 다른 고기들과 아주 판이할 것이라는 생각을 그는 갖고 있었다. 몸 속에 간직된 외로움에 못 이겨 피부가 파열돼 죽으리라는 생각이었다. 터무니없는 공상에 지나지 않을지 모르나, 그는 자기가 기르고 있는 블랙몰리에게서 그와 같은 죽음을 느끼고 있었다.67)

그런데 혜경이 결혼을 한다. 그녀는 이제 '지난날 꿈속에서 본 검은 신부 옷을' 털어 버리고 '새하얀 면사포에, 새하얀 드레스'를 입고 한 남자와 결혼함으로 해서 더 이상 블랙몰리는 아닌 상태가 된다. 허웅은 그것을 생각하고 고독감에 빠진다. 그의 내면에서는 블랙몰리에게서 느낄 수 있는 죽음 의식마저 엿볼 수 있게 된다. 그러나 작품 말미에서 블랙몰리를 죽임으로 말미암아 고독감과 죽음 의식에서 벗어나고자 하는 강한 의욕을 보여준다.

〈이날의 지각〉은 서사적 자아가 권태와 무의미 속에서 살아가는 모습과 그 각성의 과정을 보여준 소설이다. 그는 매일같이 여자가 주는 4천원을 받아들고 그 돈을 다 써버리기 위해 길을 나선다. 버스를 타고 가다가 광화문에서 내린다. 육중한 법원 건물의 정면을 지나서 일반인이 출입하는 서쪽 옆문으로 들어간다. 방청석 한구석에 앉아 검찰과 법관이라는 직업이 따분할 것이라는 생각을 한다. 다방에 들러 잠자리를 생각하며 보신탕을 점심 메뉴로 결정한다. 그가 보신탕을 택한 것은 순전히 그녀를 기쁘게 해주기 위해서다.

그는 주위에 상관 않고 커피를 시켜놓고 앉아 법정에서 못 피운 담배를 벌충이라도 하듯이 곱 박아 피우면서 점심은 무얼 먹나

하는 궁리로 들어간다. 우리나라 음식? 중국 음식? 일본 음식? 서양 음식? 구체적으로, 불고기백반? 갈비백반? 설렁탕? 곰탕? 냉면? 소고기간짜장? 삼선짬뽕? 울면? 전골백반? 복지리백반? 초밥? 비이프스테익? 함벅스테익? 비이프가쯔? 돈가쯔? …… 이처럼 그가 점심에 대해 마음을 써야 하는 데는 까닭이 있다. 밤 잠자리에서 여자가 그를 요구할 때는 즉물적으로, 오늘 메뉴는 뭐지? 하고 속삭이는 것이다. 점심에 그가 먹는 음식이 곧 잠자리에서의 여자 자신의 것이 된다는 투다. 오늘밤 여자가 요구하면 무슨 메뉴를 제공해준다? 생각 끝에 보신탕을 제공해주리라 마음먹는다. 보신탕이라면 여자가 질색을 하여 더러운 것이라도 피하듯 고개를 꼬았다가도 어느 결에, 개들은 어째서 숭업게 뒤가 맞붙어 오래 떨어지지 않지? 하면서 제김에 흥분하여 온몸이 달아오르곤 하는 것이다.68)

점심을 마치고 친구를 찾아가서 시간을 보내다가 창경원에 흰곰을 보러간다. 서점, 다방, 오락실, 술집 등을 들러 돈을 다 써버리고 잠자리에서 어떻게 하면 여자를 즐겁게 해줄까 고민한다. 버스에서 내려 집으로 향하다가 쓰레기 더미에 불을 피워 놓고 있는 넝마주이들을 발견하고 그들과 이야기를 나누다가 바지의 앞단추를 따고 불더미에 오줌을 갈기기 시작한다. 그는 넝마주이의 절박한 삶을 목격하고 각성을 하게 된다.

〈원색 오뚜기〉는 혼자 사는 윤 노인의 이야기이다. 그는 대폿집에서 술이 취해서 전기기술자였던 아들이 통신병으로 군대에 나가 여러 전우들을 살리고 전사하여 훈장을 받았다고 떠들어댔다. 이 일이 있은 후로부터 마을에서는 그를 훈장 아저씨로 불렀다. 그는 나무토막을 깎아 오뚜기를 만들어 방바닥에 굴려 보고 연신 벙글거린다. 오뚝이는 양쪽 다리를 못쓰는 철이에게 줄 장난감이었다. 춘천집이 장사를 나가면 철이는 혼자 집에 남아 울곤 했다. 윤 노인은 그를 측은하게 여겼다. 아궁이 고치라는 소리를 지르고 다니다가 어느 회사의 아궁이를 고친다. 음식점에 들러 국수를 먹다가 등에 업힌 아이가 귀엽다고 생각한다.

어느 날 그는 여염집의 아궁이를 고치러 갔다가 주인 여자와 눈이 마주치자 도구를 챙겨 분주히 빠져 나온다. 아들이 전사하자 말없이 집을 나간 며느리가 거기 살고 있었던 것이다. 술을 마시고 집으로 돌아오자 며느리가 기다리고 있었다.

"아버님 그 동안 많이 늙으셨어요."
안으로 잦아드는 여자의 목소리였다.
"전 저대루 그 동안 아버님을 무척 찾았어요."
열차가 또 지나가려는지 건널목지기가 빨간 칸델라를 들고 나와 차단기를 내리고 있었다.
윤 노인은 걷던 걸음으로 그냥 가 차단기에 양쪽 팔을 걸치고 가슴을 기댔다. 건널목지기가 비키라는 소리를 지를 듯 다가오다가 윤 노인임을 알고는 잠자코 만다.
"그땐 어쩔 수 없었어요. 아버님한테 큰 죌 짓는 줄 알면서두 그 짓을 했어요. 애는 낳아 키워야겠구 해서 그것까지 갖구서……"
가로등에 비쳐 차갑고 둔탁하게 빛나는 레일을 윤 노인은 내려다보고 있었다.
패 먼 곳에서 기차의 기적소리가 울렸다. 아까 개 사고도 있고 하여 좀 이르게 차단기를 내린 성싶었다.
"애가 지금 몇 살이냐?"69)

집을 나간 며느리를 용서하지 못하는 그이지만 혈연에 대한 집착은 대단하다. 그가 철이와 음식점 아이를 귀여워했던 것도 그와 무관하지 않다. 그런데 아이는 죽었고, 그것도 흑인 혼혈 아였음이 드러난다. 며느리가 가출 당시 가지고 갔던 몇 겹으로 접은 종잇조각과 조그만 쇠붙이와 얼만큼의 지폐뭉치를 내놓았지만, 그는 필요 없다고 큰소리를 친다. 그러나 며느리가 죽기보다 힘들게 살았을 것이라면서 오뚝이를 생각한다.

〈피〉는 작년 홍수 때 집을 잃고 천막촌에서 살아가는 수재민들의 궁핍한 삶을 자기가 살기 위해 다른 다람쥐들의 피를 빨아먹고 사는 다람쥐들의 생태와 연결지어 실존의 위기를 다루고 있는데, 여섯 살배기 순진한 아이의 눈에 보인 어른들의 세계가 아주 적나라하게 드러나 있는 작품이다.

아이는 안달이 났다.
"아빠……"
"것두 병나 죽는 게 아니라 저희끼리 죽인답디다. 목이 말라서, 비행기루 보내니까 조금이라두 중량이 더 나갈까봐 목축일 걸 아무 것두 넣어주지 않는다거든요. 그러믄 저희끼리 죽여서 피를 빨아먹는다지 뭐예요. 나 참 기가 막혀서…… 미물의 짐승이라두 참…… 여하튼 남의 몸 속에 피가 있어서 그걸 빨아먹으믄 살 수 있다는 건 어찌 아는지."
아이 아버지는 그냥 같은 자세로 묵연히 서있다. 전에 다람쥐 장수가 오면 반가와하던 빛과는 다르다.[70]

배불뚝이가 된 아이는 꿀벌을 싸고 있는 호박꽃을 귀에 가져다 대고 입이 헤벌어지면서 동무에게 보여주고 싶어한다. 산

길로 올라 도토리를 줍다가 다람쥐를 발견한다. 다람쥐 장수와 흥정을 하고 있는 아버지에게 다람쥐가 나무등걸 밑의 구멍으로 들어간 사실을 알려 준다. 새끼 난 암놈을 잡아주자 다람쥐 장수는 10원을 건네 준다. 아이는 새끼들을 양손에 담아 아버지에게 보여주자 수놈의 미끼를 가져오면 어떡하냐고 아이에게 화를 낸다.

〈주검의 장소〉는 4편의 에피소드로 이루어진 작품인데, 실존의 문제를 다루고 있다. '장소Ⅰ'에서 도목수는 굴이 무너질 것을 코로 냄새를 맡는다. 그런데 예감이 적중하여 굴이 무너질 경우나 무너지지 않을 경우 본인이 감당해야 할 책임 때문에 그 사실을 말하지 못했음이 그의 고백을 통하여 드러난다.

 그게 글쎄 알 수 없다는 거예요, 선생님. …… 그 미미한 송진 냄샐 누구나 다 맡을 수 있는 건 아니죠. 모르긴 몰라두 목수라구 해서 다 맡을 수 있는 것두 아니구 말씀예요. 장담 같지만 아마 저만치 그걸 정확히 가려낼 수 있는 사람두 드물 겁니다. 그런 데두 작업을 중단시켰다가 만에 하나 굴이 무너지지 않는 경우 직업상 제 위신이 떨어질 걸 염려해서 그랬든 것 같기두 허구…… 그리구 선생님, 제가 느낀 예감을 알려서 그게 맞아떨어졌다 해보세요. 그 다음부터 굴 무너지는 걸 사전에 발견 못하믄 모든 책임이 제게루 돌아올 테니 그게 겁나서 잠자쿠 있었던 것 같기두 하구요.71)

결과는 굴이 무너져서 한 사람이 죽고 세 사람이 다쳤다. 그 뒤로 다시는 송진 냄새를 맡지 않았으면 좋겠다고 생각하면서 현실을 주검의 장소로 인식한다. '장소Ⅱ'에서 첩자로 모함을 당한 농부와 번역책 때문에 엉뚱한 모함을 당한 원형도 현실을 주검의 장소로 인식한다. '장소Ⅲ'에서는 가난으로 말미암아 생명의 존엄성이 말살되면서 현실을 주검의 장소로 인식한다. '장소Ⅳ'에서 교통사고를 낸 운전사가 차를 뒤로 돌려 부상자를 일부러 치여 죽이는데, 그 역시 현실을 주검의 장소로 인식한다.

〈일월〉은 각각 5장씩으로 이루어진 3부작 소설이다. 제1부에서는 백정 가문의 후손이라는 사실이 밝혀지면서 아직도 우리 사회에 남아 있는 신분 제도의 잔재를 보여주고 있고, 제2부는 그로 말미암아 심화되는 소외와 실존의 문제를 그리고 있다. 제3부에서는 그들의 일상적 삶이 붕괴되어 가는 과정과 인간 구원의 문제를 그리고 있다. 김치수, 성민엽 등은 이 소설이 숙명적 고독과 구원의 문제에 천착한 작품이라고 평가한 바 있다.[72]

이 작품은 분디나뭇골을 방문한 지 교수가 백정 집안 이야기를 듣고 인철에게 본돌 영감의 사진을 보여주면서 시작된다. 본돌 영감은 자신의 과거를 숨기지 않고 살아가며 작은아들인 기룡도 자발적으로 백정의 가업을 이어간다. 반면에 본돌 영감의 동생인 차돌은 자신들이 살고 있는 사회에서 불이익을 당하지 않기 위하여 철저하게 자신의 과거를 숨기고 상진 영감이라는 이름으로 살아간다. 그렇게 하기까지는 그 나름대로의 충분한 이유가 있었다.

그는 어려서부터 상처를 받고 살아온 인물이다. 산에 나무하러 갔다가 동네 어린애들의 나무를 대신 져다 주어야 하고, 다른 애가 돌부리에 걸려 넘어지면 그것까지 책임져야 했다.[73]

신분의 제약으로 능력을 발휘할 수도 없었다. 그가 고향을 버리기로 작정한 것은 아버지의 좌절을 보았기 때문이다.

이것두 내가 어려선데, 어느 해 단옷날이었어. 군에서 씨름대회가 있어 아버지가 그러니까 느희 할아버지가 나가셨다. 쉽게 결승까지 올라가 마지막판에 씨름이 벌어지고 있는데 구경꾼들 틈에서 백정은 소하고나 싸워라. 하는 소리가 튀어나왔다. 그러자 아버진 들었던 상대를 내려놓으시면서 힘없이 쓰러지셨어. …… 그날 저녁 집에 돌아오셔선 토방에 앉아 하늘만 쳐다보시구 계시드라. 그런데 사립문밖에서 웅성거리는 소리가 나드니 장정 셋이 안으로 들어섰어. 그 중 한 사람은 낮에 씨름판에서 결승을 겨루던 사내였다. 뭣 땜에 온 줄 아니? 도우 허가증까지 해 가지고 와서 소를 잡아달라는 거야. (중략) 차차 성인이 되면서 더 견딜 수가 없드군. 어떻게든 거길 벗어나야 한다구 생각했지. 기어쿠 난 어떤 결심을 했다. 아범이 백날 바루 지났을 때 일이다.74)

상진 영감의 큰아들인 인호도 자신이 백정의 후예라는 사실을 철저히 숨기고 신분 상승을 추구하고 있다. 그러나 작은아들인 인철은 자신이 백정의 후예라는 사실을 알고 심한 심적 갈등을 일으키지만, 그것이 너무 엄숙한 숙명적 조건임을 자각한다.

인철은 공지를 질러 구내 밖으로 나왔다. 소들이 매여있는 목책 우리 앞을 지나는데 황소 한 마리가 칸막이 위로 옆 암소에게 앞발을 걸치려고 흰 거품을 빼물고 씨근거리고 있었다. 이제 몇 번째로나 끌려 들어갈 황소일까. 좀 전에 도수장 안에서 죽기 직전 황소가 입에 내뿜고 있던 흰 거품과 지금 암소에게 기어오르려고

기를 쓰며 입에 빼문 흰 거품이 조금도 달라 보이지가 않았다.
　인철은 그 앞을 지나치면서 생각했다. 내일 아침 미아리 도수장에를 찾아갈 것인가. 대체 자기는 사촌을 만나 어쩌자는 것일까. 차라리 아버지가 노력해온 것처럼 그 세계와는 외면하고 사는 것이 현명한 일이 아닌가. 인철은 지난 며칠 동안 마음속에서 싸워 온 이 두 가지 생각에 또다시 말려 들어가기 시작했다.75)

　인용문에는 아버지가 택한 길을 선택할 것인지, 큰아버지가 택한 길을 선택할 것인지 고민하는 인철의 심적 갈등 양상이 비교적 잘 나타나 있다. 결국 그는 아버지나 형이 택한 길을 버리고 자신의 출신을 숙명적 조건으로 받아들이고 반성적 삶을 살아간다. 이것은 성숙한 지식인의 모습을 보여준 것으로 볼 수 있다.
　여기에서 백정이라는 신분은 자신과는 무관하게 조건지워진 실존적 문제이다. 그것을 수용할 것인지 아니면 거부할 것인지는 자신의 몫이고, 그에 따라 그들의 삶의 양상은 달라질 수밖에 없다. 작가는 이 작품에서 인철의 고뇌와 방황을 통하여 전통적으로 천대만 받고 살아온 하층 계급인 백정이라는 신분에서 오는 소외감과 숙명적 고독을 어떻게 극복하고 수용하는가를 보여주고 있다.
　신분상의 몰락에 대한 두려움을 벗어나기 위하여 인철은 '모성 회귀'를 꿈꾼다. 그 대상은 어린 시절부터 자신의 옆에서 항상 지켜봐 주는 다혜이다. 그런데 다혜의 위로가 이제 인철을 안정시키지 못한다. 다혜가 변한 것이 아니라 자신이 변한 것이다. 인철은 어느새 제 손으로 자기 잔에 술을 따라 마시고 있는 자신을 보게 된다. 그것은 바로 기룡의 모습이었다. 그는 나미에게도 의지하지 않는 자신을 발견한다. 기룡은 인철의 분신처럼 옆에서 인철에게 강한 영향을 준다. 인철은 기룡을 만나면 마음이 편해진다.

 인철의 갈등은 기룡과의 만남을 통하여 어느 정도 해소된다. 인철은 기룡과의 계속된 만남을 통하여 기룡을 닮아간다. 인철은 백정이라는 신분을 유지하면서 살아가고 있는 기룡의 삶을 관찰하면서 자신의 생각을 정립하려고 한다. 자신의 삶의 무게는 자신이 홀로 짊어지고 가야 한다는 것을 기룡을 통하여 깨닫게 된다. 그는 기룡의 비밀을 듣게 된다. 기룡은 죽은 아버지 이외에는 누구에게도 말하지 않았던 살인에 대한 비밀을 인철에게 이야기하고, 자신의 죄를 증명할 수 있는 단 하나의 증거물인 칼을 인철에게 준다. 이로 말미암아 기룡과 인철의 벽은 허물어진다.

 상진 영감이라고 해서 자신의 신분을 속이고 살아가는 데 아무런 심적 갈등이나 불안감이 없었던 것은 아니다. 여전히 친형과 친조카가 백정으로 살아가고 있었고, 작은아들이 그곳을 드나들고 있었기에 문제는 심각할 수밖에 없었다. 그는 끊임없이 일어나는 심적 갈등을 일상인으로의 편입과 신분 상승을 위하여 감추고 억제했을 뿐이다. 그 단적인 예를 다음 인용문에서 확인할 수 있다.

 상진 영감은 입에 넣고 남은 술을 한꺼번에 들이마셨다. 누군가가 자기의 다리를 걸어 넘어뜨렸다. 무거운, 말할 수 없이 무거운

짐을 진 채 앞으로 꼬꾸라졌다. 앞에 있는 큰돌을 움켜쥐었다. 꽉 움켜쥐었다. 이걸로 때려눕혀야지. 아무도 말리는 사람은 없었다. 본돌 형님도 없었다. 그리고 큰아들도 작은아들도…… 그는 움켜쥔 돌을 힘껏 던졌다. 그의 눈앞에 맞아 쓰러진 것은 상진 영감 자신이었다.76)

따라서 이 작품은 전후의 절망적 상황과 그 극복의 문제를 다룬 〈나무들 비탈에 서다〉와 인간 구원의 문제를 심도 있게 다룬 〈움직이는 성〉의 교량적 역할을 하고 있는 작품이다.77) 아울러 개인의 구원의 문제가 한국인의 보편적인 구원의 문제로 확대되고 심화된 〈움직이는 성〉의 전 단계에 속하는 작품이기도 하다.

〈움직이는 성〉은 기독교와 샤머니즘의 관계를 한국적 상황에서 조명하고 소외된 사람들의 비극적 사랑과 구원의 문제를 다루고 있는 소설이다. 〈일월〉이 백정의 후손이라는 사실을 알고 인식하게 되는 숙명적 조건을 지성적 반성을 통해 극복해내고 있다면, 이 작품은 구복 신앙에 얽매인 한국인의 한계와 초월 의지를 몇 사람의 사랑과 구원을 통하여 보여주고 있다. 한국인은 현세뿐 아니라 사후까지도 복을 주는 편리한 존재로 하나님을 인식하고 있어서 서양사상사에서 볼 수 있는 신에 대한 인식과 아주 다른 모습을 보여주고 있다.

"그런 사람들두 따지구 보면 하나님의 진의를 받아들인 게 아니구 어떤 실리면만을 받아들이구 있는 게 아닐까요. 이를테면 소원성취나 해주는 하나님, 혹은 천당이나 가게 해주는 하나님 혹은 몇 번 죄를 지어두 회개만 하면 용서해주는 하나님으루서 말입니다."

"나두 거기 동감이야."
민구가 두 사람 사이에 끼어 들었다. "교리의 참다운 뜻을 터득하기 위해서라기보다 무슨 실리적인 것을 바라구 교회에 나가는 사람이 많은 것 같애. 마치 샤먼에게서 무엇인가를 바라듯이 말야."78)

이러한 신관은 어디에도 뿌리를 박지 못하는 유랑민 근성에 기인한 바 크다. 때문에 준태는 한국인이 하나님을 제대로 수용할 수 없을 것이라는 입장을 보여주며, 성호는 한국인이 신앙에 의하여 변할 수도 있겠지만 유랑민 의식을 떨쳐 버리지 못할 것이라고 생각한다. 이에 대하여 이상섭은 「'유랑민 근성'과 '창조주의 눈'」에서 한국의 기독교는 준태의 비판대로 전통적인('유랑민 근성'의) 무속 신앙의 테두리를 못 벗어나든가, 또한 전통적인 유교적 명분주의와 율법주의를 벗어나지 못할 것이라고 지적하고 있다.79)

목사인 성호는 홍 여사와의 과거를 청산하기 위하여 목회 일에 전념하는 진솔한 신앙인이다. 함준태는 부인 창애와의 무의미한 결혼 생활을 정리하고 남지연과의 새로운 삶을 준비하지만 그들의 삶에 천식과 카리에스가 불행의 그림자를 드리운다. 송민구는 민속 연구를 하면서 알게 된 박수 변씨와 관계를 유지하면서 최은희와의 결혼을 최대의 사업으로 생각하는 불합리하고 비이성적 인물이다.

윤성호, 함준태, 송민구가 추구하는 구원은 개별적인 것이지만 작가는 전체적으로 그들을 포괄할 수 있는 개념으로서 '사랑의 합'을 제시하고 있다. 그들의 구원자는 다름 아닌 홍 여사, 남지연, 최은희이다. 이러한 시각은 작가의 신에 대한 태도에 다름 아니다. 작가는 모성적 시각을 바로 '창조주의 눈'이라고 명명하고 있는 것이다.

좀 전부터 성호는 지금의 지연의 눈을 전에 여러 번 본 눈이라고 자기 기억을 더듬다가 홍 여사의 겁먹고 떠는 눈과 부딪쳤다. 그 홍 여사는 이미 죽었고, 지연은 지금 자기가 사랑하는 사람의 안부를 염려하며 찾아가고 있다. 홍 여사의 얼굴과 지연의 얼굴이 번갈아 어른대면서 점점 두 사람의 겁먹고 떠는 눈이 확대되다가 얼굴을 온통 덮어버린다. 성호는 생각한다. 이 눈은 창조주의 눈이다. 이 여자들의 이러한 눈은 이 여자들의 눈인 동시에 곧 창조주의 눈이다. 이 생각은 금방 떠오른 생각도 같고, 오래 전부터 여러 가지로 생각해오던 것이 한데 뭉쳐 이뤄진 생각도 같았다. 이 두 여자만이 아니고, 이러한 눈을 한 모든 인간의 눈은 창조주의 것이다. 어찌 이러한 눈뿐이랴. 인간에게 일어나는 모든 일, 삶이든 죽음이든 선이든 악이든 이 밖의 모두 다 창조주의 것이다. 이렇게 창조주는 자기 형상과 마음가짐처럼 만든 인간을 통해 스스로 지니고 있는 정과 반의 싸움을 하고 있는 것이다. 이 세상에 사랑이라는 합의 세계를 이루기 위해 헤아릴 수 없을 만큼 다각 다양하게, 그리고 끊임없이 싸우고 있는 것이다.80)

물론 그것이 확대되면서 모든 인간의 눈을 창조주의 눈으로 말하기도 하지만, 궁극적으로 작가는 모성을 통한 구원을 추구하고 있다. 모성은 종교적 신성과 너무 동떨어져 있다. 모성 속에는 갈등하고 대립하면서 합의 세계를 추구하는 휴머니즘적 인간의 모습이 투영된 것이다. 때문에 갈등이 없다. 이 작품에서 구원이 영혼의 구원에 관심을 두는 종교와 거리가 먼 인간적인 해결에 머무르고 만 것은 그 때문이다. 그러나 인생이 비록 허무한 것이라고 하더라도 절망하지 않고 무한히 노력하는 데서 바로 자기 구원을 이룰 수 있음을 아래 인용문에서 보여주고 있다.

소경이 지팡이를 더듬거리며 집 모퉁이를 돌아 사잇길로 들어오고 있다. 중년 남자 소경이다. 뿌옇게 메마른 머리카락이 흐트러져 내려온 이마 밑에서 희멀뚝한 눈이 연신 섬벅거린다.
애가 발딱 일어난다. 마구 버린 허드렛물 괸 곳에서 소경이 지팡이를 잘게 더듬거리며 발을 옮겨디디지 못하고 있다. 애가 소경에게로 간다. 그리고 흙 묻은 가느단 손으로 소경의 지팡이 중턱을 잡아 물 괸 곳을 피해 짚도록 해준다.[81]

인용문은 서두에서 가져온 것으로 인간 구원의 가능성을 보여준 좋은 예라고 할 수 있다. 이 작품에는 역경 속에서도 끝끝내 그것을 극복하고 긍정적으로 살아가고자 하는 작가 정신이 투영되어 있다. 인간은 왜 살아가는가 하는가에 대한 응답은 문학의 절대적인 과제다. 황순원은 이 작품을 통하여 인간의 존재 이유와 존재 방식에 대하여 진지하게 응답하고 있다. 그는 구원의 길이 어디에 있는가를 보여주려고 진지하게 노력하고 있다.
〈신들의 주사위〉는 농촌의 지주 집안의 3대에 거친 삶을 통하여 당대의 현실을 사실적으로 조명한 가족사소설이면서 세태소설이다. 이 소설에서 조부, 부친, 손자의 인물 설정은 〈삼대〉나 〈태평천하〉를 연상시킨다. 전형적인 가족사 소설의 형태를 취하고 있다. 김치수가 「소설의 조직성」에서 지적하고 있듯이 '가족의 이야기로부터 점차 농촌이라고 하는 집단의 이야기로 확대'되고, 그것은 '현대 사회의 전체적인 문제로의 확대 가능성을 내포하고 있'다.[82] 봉건 사회의 유습이 자본주의 사회 속에 와해되어 가는 모습과 도시 자본이 농촌으로 유입되면서 야기되는 이농 현상과 환경 문제를 아주 심도 있게 다루고 있는 것이다. 아울러 삼각 관계와 교육 문제 등에 대해서도 다루고 있다. 때문에 이 소설은 가족사 소설, 세태소설, 교양소설, 연애소설 등의 성격을 지니고 있다.[83]

각 세대를 대표하는 인물들은 그 나름대로 개성을 지닌 존재이면서 전형성을 확보하고 있다. 조부인 두식 영감은 도시에서 조금 떨어진 소읍에서 논밭과 가옥을 남보다 많이 소유하고 그것을 세놓아 부를 축적하면서 살아가는 인물이다. 아울러 돈이 될 만한 일은 물불을 가리지 않는다. 가부장적인 권한을 마음껏 행사하고 있다. 조부는 물신주의에 빠진 인물이다. 집안을 잇는 것과 집안의 이름을 날리는 것은 다르다고 생각한다. 한영과 한수를 다른 차원에서 다루고 있는 것이 그 단적인 예이다.

    두식 영감은 한수가 국민학교를 마치자 중학교부터 서울로 보내어 공부를 시켰다. 서울에다 집을 한 채 장만한 뒤, 전에 이 고장에서 살다 이사간 사람 네를 거저 들게 하고는 매달 식비를 주어가며 한수를 보살피게 했다. 그리고 고등학교까지 주욱 가정교사를 붙였다. 방학 때도 잠깐 집에 내려왔다가는 곧 서울로 올라가 공부하게끔 했다. 예외가 있는 것은 고등학교 2학년 때 어머니가 세상을 떠나 내려왔던 것뿐이었다. 두식 영감에게는 계획이 있었다. 하나 있는 아들에 실망하자 두 손자에게 기대를 걸고 어려서부터 착실하고 양순한 맏손자 한영인 국민학교만 마치게 한 후 가업을 잇도록 하고 둘째 손자 한수는 공부를 시켜 출세 방향으로 가게 했던 것이다.[84]

출세가 집안의 이름을 날리는 데는 한몫을 하겠지만, 집안의 재산이 안전할 수 없어서 더 위태로울 수 있다는 생각을 지니고 있다. 장남인 한영 아버지와 장손인 한영을 교육시키지 않은 것은 그 때문이다. 교육을 시키지 않고 자신의 가치관을 주입시켜 집안의 재산을 대대손손 보존케 할 요량이었던 것이다.[85] 그는 큰손자 한영의 자살과 작은손자 한수의 의식 불명으로 가부장적 권위에 치명적인 손상을 입으며, 노망으로 비극적 종말을 맞게 된다.

부친 한영 아버지는 조부의 막강한 가부장제적 권위에 눌려서 한 번도 자기 주장을 해보지 못하고 지내는 인물이다. 그러나 조부가 바라는 바에 따라 고분고분하면서 살지 않고 자기 나름대로의 독립적인 삶을 살아가다가 조부의 눈밖에 난다. 낚시를 하고 덫을 놓아가며 살아가지만 생활 능력이 없어서 한영에게 무거운 짐만 지운다. 한영이 죽자 홀아비로 지내다가 여자를 새로 들인 것이 문제가 되었다면서 아내를 집에 들이려고 하지 않는다.[86]

큰손자인 한영은 무능한 아버지 대신 조부의 가업을 물려받을 후계자로, 조부에 의해 중학교 진학마저 박탈당한 인물이다. 조부의 독선과 독단에 대하여 한영은 '직접 할아버지와 부딪쳐 보면 어떨까', '그저 할아버지를 설득해서 한번 관철시켜 보면 어떨까' 하고 생각해 보지만 그것이 불가능함을 인식하고 '저도 모르게 관계없다아'를 하늘에다 대고 연발한다. 소설의 시작은 파격적으로 '관계없다아, 관계없다아!'로 시작된다.87)

그러한 행위는 조부의 권위에 대한 소극적 저항으로 볼 수도 있고, 가부장적 전통이 무너지는 징조로 볼 수도 있다. 그의 소극적 저항은 차츰 발전하여 자신의 독립을 추구하기에 이른다. 조부 몰래 고등학교 과정을 혼자 공부하기 위하여 책을 구해서 보기도 하고 다른 사람들을 놀라게 할 정도로 유식한 말을 구사하기도 한다. 한수에게 용돈을 주거나 고리대금업자인 문진 영감에게 돈을 빌려 아버지에게 대주기도 한다.

둘째 손자인 한수는 집안에서 출세할 수 있는 유일한 인물로 사법고시를 준비하고 있다. 1차 시험에 합격하고 2차 시험에 실패하여 다음해 시험을 보기 위하여 준비 중에 있었다. 그런데 할아버지의 물욕주의와 권위에 도전하던 형이 죽자 그는 비로소 자신의 삶에 대하여 진지하게 반성하고 세상을 새롭게 바라보기 시작한다.

> 한수는 그만 무엇에 이끌리듯 다시 할아버지 앞에 무릎을 꿇었다. 그리고 할아버지를 바라보았다. 여태껏 보지 못한 할아버지의 모습이었다. 이토록 왜소해 보일 수가 있을까?
> "너두 알다시피 이제 우리 집안엔 너 하나뿐이다." 할아버지의 입꼬리가 마구 씰룩거렸다. "너마저 그런다면 우리 집안이 어떻게 되겠니? 니 형이란 건 할아빌 두구 먼저 가구. …… 내 저를 을마나 생각했는데……"
> 한수는 눈을 감아버렸다.88)

그는 새로운 삶의 자세를 보여준다. 형이 죽기 전에 보여주고자 했던 삶의 태도는 타협이 아니라 대결을 통한 조화와 균형이었던 것이다. 그는 그러한 인식에 바탕을 두고 세상을 새롭게 인식하기 시작한다. 과부인 세미와 젊은 교사인 진희 사이를 오가던 자신의 방황에 종지부를 찍고 고시에 전념하려고 한다. 그것은 할아버지와의 관계에서도 예외일 수 없다. 형이 자신과 부친을 위해 진 빚을 조부 몰래 갚기 위해서 서울의 집을 팔아 치운다.

"그날 형이 할아버지께 아무말두 없었습니까?"
"왜 없어!" 두식 영감은 씨근거렸다. "백만 원이 넘는 돈을 갚아달라는 게야."
"형이 분명히 그랬습니까?" 다짐이라도 하듯 한수가 다시 물었다.
"그랬다니까! 아침에 신문 갖구 올라와서는 당장 그날루 해달라는 거야. 제멋대루 인감까지 훔쳐내다가 돈 빚내 쓰구 뒤가 밀리니까 이 할애비더러 갚어달래? 집안 망할 놈! 백번 죽어두 싸!"
"그 돈 지금 제가 갚구 오는 길입니다."
"뭐, 뭐라구?"
"우연히 형의 일을 알게 돼서 서울 집을 처분해 가지구 돌아오니까 이미 일이 일어난 뒤였습니다."
"아니, 서울 집을 처분해?" 두식 영감이 버럭 소리를 지르며 팔꿈치로 몸을 일으켜 일어나 앉는다. "니 몫으루 사논 집이지만 그 집이 어떤 집인데 니 맘대루 팔아버려? 당장 가서 물러와?" 배뚤어진 입술을 씰룩거렸다. "그리구! 니나 내가 낸 빚두 아닌데 갚어? 법적으루두 걸릴 게 읎잖어?"[89]

여기에서 조부와 손자 사이에 법과 윤리적인 문제로 갈등이 일어난다. 철저한 물신주의자인 조부는 윤리적으로 어떤 비난을 받든지간에 법적으로 문제가 없기 때문에 빚을 갚을 필요가 없다는 입장이고, 한수는 법적으로 문제가 있든지 없든지 간에 도덕적으로 문제가 있기 때문에 빚을 갚아야 한다는 입장이다. 조부는 서울 집을 재산 보존의 수단으로 인식하고 있다면, 한수는 형의 독립을 위해서는 언제든지 처분할 수 있다는 입장을 보이고 있다.

조부가 서울 집을 당시로서는 비싼 값에 손자에게 사준 것은 한수를 서울대학에 입학시키는 게 목표였고, 대학 근처이니 집이 낡더라도 제값은 지니리라는 계산에서였다.90) 그들간의 갈등과 대결은 한수가 조부의 요구에 순응하면 간단히 해결될 수 있다. 그런데 한수는 형이 추구했던 독립을 자신이 성취하고자 하다가 부상으로 더 이상 대결할 수 없는 처지에 이르고 만다.

인물의 갈등은 세대간에만 나타나지 않는다. 송 회장, 심 읍장, 문진 영감은 병배, 중섭, 한수와 대립적인 위치에 있다. 송 회장은 공해 산업인 염색 공장을 읍내에 건립하기 위하여 유지들과 은밀하게 접근하는 자본가이다. 심 읍장과 문진 영감은 자신들의 이익을 추구하기 위하여 염색 공장의 유치를 추진한다. 주민들의 피해에 대해서는 전혀 고려하지 않고 있다. 심 읍장은 개발도상국인 우리나라에서는 환경 파괴와 오염 문제보다는 발전을 중시해야 한다는 입장을 견지하는 출세 지향적이고 타산적인 인물이다. 문진 영감은 자기의 개인적인 이익만을 줄기차게 추구하는 물욕주의자이다.

그들에 맞서 싸우는 인물이 환경보호연구소에 다니는 병배이다. 그는 농촌의 심각한 환경 문제에 관심을 갖고 주민들의 경각심을 불러일으킨다. 병배의 주장에 적극 동조하고 나서는 인물이 중섭과 한수다. 한수가 병배의 주장에 동조하고 나선 것은 생명에 대한 경외감과 존엄성에 대한 인식에 바탕을 두고 있다.

한수는 술좌석에서 얘기된 '미나마따병'의 일을 떨쳐버리지 못하고 있었다. 그 병이 무섭다는 얘기는 이날 밤 처음으로 듣는 게 아니나 그 병 희생자의 유가족과 환자들이 폐수를 흘려보낸 회사 측더러 보상금은 필요 없으니 수은액을 먹고 자기네가 죽은 수만큼 죽어달라, 자기네가 병든 수만큼 병들어달라고 했다는 얘기는 처음 듣는 얘기다. 이미 오래 전 남의 나라에서 있었던 사건이건만 그 정상과 절규는 시간과 공간을 뛰어넘어 지금의 한수를 붙드는 것이었다. 그 정상에 고통스런 동정이 가고, 그러한 절규를 할 수밖에 없었던 심정에 고통스런 이해가 갔다. 그러면서도 그 절규를 용납할 수 없게 하는 것은 무얼까? 눈에는 눈, 이에는 이라는 원시적 보복이 오늘날엔 통용돼선 안 된다는 뜻에서일까. 그러니 '미필적 고의의 살인'으로 법 절차를 밟아 다스려져야 한다는 뜻에서일까. 아니다. 그 때문만은 아니다. 뭐랄까 오랫동안 인간이 가꾸어온 근원적인 사랑이랄까 혼이랄까, 그런 것을 잃을 수 없다는 데서 오는 것은 아닐까.91)

그런데 물밀듯이 들어오는 도시 자본을 이용해서 농촌의 새로운 가능성을 보여준 인물이 건호이다. 그는 울남이라는 별명으로 불렸을 정도로 어수룩한 구석을 지닌 한수의 국민학교 동창이다.92) 전통적인 농사에서 과감하게 탈피하여 도시의 소비자들에게 출하할 농산물을 비닐하우스를 이용하여 재배하여 많은 수익을 올린다. 열심히 일해서 농촌의 새로운 가능성을 보여준 셈이다. 건호와는 달리 도시화를 이용하여 한몫 챙기려는 거간꾼들도 등장하는데, 봉룡이나 강 사장이 그 대표적인 인물들이다.

한수, 진희, 세미의 인물 설정은 삼각 관계를 가미하여 이야기를 더욱 재미있게 만들고 있다. 한수는 두 여인 사이에서 방황한다. 그는 진희와 세미를 떠나 고시공부에 전념할 생각을 하지만 자신의 불분명한 태도에 자책감을 느낀다. 진희는 사춘기 소녀들의 교육 문제와 성 문제에 관심이 많은 교사이다. 처녀 교사인 그녀는 낙태를 해야 하느냐 아니면 사회적 비난을 감수하면서 아이를 낳아야 하는 문제로 정신적 방황을 한다.93) 한수와 결혼을 하면 모든 문제가 해결될 수 있지만 상황은 그렇지 못하다. 그렇다고 아이를 지우자니 교육자적 양식이 이를 허락하지 않아서 망설인다. 그런데 한수와 오토바이를 타고 가다가 사고가 나서 아이를 태내에 간직한 채 죽는다. 한수는 '비상하는 차가운 물줄기 앞에 서보고'94) 싶어서 진희와 함께 오토바이를 타고 폭포로 가는 도중 오른쪽으로 꺾인 길을 돌다가 부상을 당하여 식물인간이 된다. 세미는 이민을 보류하고 한수를 정성껏 간호한다. 한수가 어느 정도 회복되자 그녀는 미련 없이 그의 곁을 떠나간다. 세 사람에게서 볼 수 있는 생에 대한 경외감과 진정한 사랑은 우리 시대의 인간 구원의 길이라고 할 수 있다.

단편집 『탈』 이후에 나온 단편소설 〈그물을 거둔 자리〉(1977), 〈그림자풀이〉(1983), 〈나의 죽부인전〉(1985), 〈땅울림〉(1985) 등은 회갑을 넘기고 원숙한 경지에 이른 작가의 세계관이 투영된 작품들이다. 이들 작품에서 작가는 우리의 삶에서 가장 중요한 것이 진정한 의미의 사랑과 인간 구원의 문제임을 암시하고 있다.

〈그물을 거둔 자리〉는 인간 구원으로서 사랑을 제시하고 사랑이 없는 자리에는 죽음만이 존재한다는 작가의 세계관이 투영된 작품이다. 서사적 자아는 정년 퇴직을 앞둔 사람으로 부인과의 사이가 소원해지자 자기의 나이에서 오는 현상이라고 생각하고 은사 정 선생의 불행한 과거를 떠올린다.

은사 정 선생은 50이 지나서 젊은 여인과 사랑에 빠진다. 이 일로 그의 집안은 풍비박산이 된다. 정 선생이 젊은 여인과 바람을 피운 것은 부인에게서 사랑을 느끼지 못한 때문이다. 작가는 사랑이 결여된 인간을 생명력이 말살된 거미에 비유한다.

거미가 한 마리 줄을 치고 있었다. 녹두알만한 까만 몸에, 가늘고 긴 흰 거미였다. 이미 쳐 있는 줄에는 먼지가 껴있을 뿐, 하루살이 하나 걸려 있지 않았다. 그 집에다 눈에 띌까말까한 줄을 뽑아 보완을 하고 있었다. 며칠 후 화장실에서 나오다 무심결에 들창께를 본 그는 눈을 머물렸다. 거미집에 뭐가 하나 걸려 있었다. 거미의 먹이인 줄로 알았다. 그러나 그것은 거미 자체였다. 가늘고 긴 다리를 바싹 오그리고 줄에 붙어 있었다. 거미가 흔히 그러는 것처럼 가사상태를 꾸미고 있나 하고 손끝으로 건드렸더니 아무런 무게도 없이 껍데기로 떨어졌다.[95]

2년이 지난 어느 날 정 선생은 졸중을 일으켜 집으로 돌아온다. 정 선생은 가솔들에게 진심으로 사죄하면서 그것은 어쩔 수 없는 일이었다고 한다. 정 선생에게서 사랑의 그물을 거둔 부인은 남편을 외면한다. 정 선생은 재차 졸중을 일으켜 죽음에 이른다. 문병을 간 서사적 자아는 부인을 위로하자 예전의 밝은 모습으로 돌아간다. 서사적 자아는 정 선생이 그것을 어떻게 받아들였을까에 궁금해 하지만,* 여기에서 분명하게 구원으로 사랑이 우리의 인간사에서 대단히 중요하다는 것을 깨닫게 된다.
    〈그림자풀이〉는 노년에 접어든 교수인 서사적 자아가 자신의 그림자 — 잃어버린 자아를 찾기 위하여 방황하는 모습을 통하여 사랑의 영원성과 절대성을 강조하고 있다. 학생들은 그림자 없는 그를 그로 알아보지만, 친구들은 영혼이 없는 그를 알아보지 못한다. 그는 군중 속에서 자신의 그림자를 발견하여 거기에 끼어 들려고 하지만, 그의 머리는 누군가의 일격을 받고 나가떨어진다. 그는 고황산 고요새를 찾아간다. 그는 고요새와 교감하면서 혼연일체가 된다.

    "아마 앞으루두 그림자 찾기는 계속될 것 같네요."
    "그럴 것 같애. 그런데 본체가 그림잘 찾아다니는 건지, 그림자가 본첼 찾아다니는 건지 그것부터 다시 알아야 될까봐."
    "둘 다일 거예요." 고요새는 그가 좋아 못 견디겠다는 듯 긴 목을 그의 목에 새로 몇 번 비벼댔다.[96]

---

\* '그때 부인의 다짐을 정 선생은 어떻게 받아들였을까. 구원의 기원으로 받아들였을까, 고문의 일종으로 받아들였을까.' 황순원(1977), p. 251.

고요새는 '둘 다 일거라면서' 본체가 곧 그림자요, 그림자가 곧 본체의 분신임을 암시하고 있다. 사물과 그 그림자가 하나이듯이 현상과 본질은 분리해서 생각할 수 없는 것이다. 그리하여 서사적 자아는 폭압적인 현실 속에서 손에 만져지지 않고 눈에 보이지 않는 자유와 민주의 가치를 새롭게 인식하기에 이른다.

〈나의 죽부인전〉은 죽부인을 통하여 육체적 사랑보다는 정신적 사랑이 소중함을 보여준 의인체 소설이다. 한 노인은 죽부인을 구해 온 제자와 죽부인전을 쓴 세 사람의 문장가에 대하여 이야기를 나누면서 '자기네가 처한 당시의 부패한 나라 사정과 사회상에 대해 간접적인 경종을 울'린 것으로 결론을 내린다.[97] 그런데 죽부인을 가져온 날부터 한 노인이 거처하는 방에 여인이 나타난다. 그녀의 지조와 고상함에 한 노인은 매혹된다. 여인은 한 노인이 자신을 여자로 접근하자 그를 나무란다.

"늙은이의 외잡스런 낯빛이야말로 정말 망측스러워요. 나이를 생각하셔야죠. 추해요. 제가 태어난 고장에선 그런 일이 없었어요. 선생님만큼 나이 잡수신 농부들한테선 한 번도 그런 낯빛을 본 일이 없었다구요."

여인의 눈의 물기가 가셔졌다. 중년 부인의 모습이었다.

"그랬을 테지. 농민은 다르니까."

여태까지의 싹싹함과는 달리 서슴없이 퍼붓는 여인의 지적 앞에서 한 노인은 솔직해지고 싶은 심정이랄까, 속죄하고 싶은 심정 같은 것에 휩싸이면서,

"실은 난 말이야, 철들면서부터 농민과 노동자에 대해 뭔가 두려움을 느끼구 있는 사람야. 항상 그들에게 빚을 지구 있는 것 같구, 그 빚을 갚지 못해서 보복을 당할 것만 같은 느낌. 그런데 그

보복이 두려우면서두 극히 당연하다는 생각."98)

한 노인은 그에 대하여 심한 부끄러움을 느낀다. 죽부인은 참다운 용기는 마음을 비우는 데서 생긴다고 하면서, 한 노인이 '여성의 아름다움은 곧 여성의 생명'이라고 하면서 술을 먹고 '저도 모르게 한 손을 내밀어 여인의 어깨에 얹'는 순간 '여인의 몸이 하나의 꽃이파리처럼 한쪽으로 곱게 누우면서 그대로 대나무 제품인 죽부인으로 변해' 버린다.

〈땅울림〉은 분단으로 인해 겪고 있는 이산의 고통을 고발하고 분단 극복의 방안으로 사랑과 화해를 제시하고 있다. 여기에 '나무꾼과 선녀' 이야기가 삽화로 끼여든다. 그는 남편에 대한 사랑과 믿음을 저버리고 자신의 호강을 추구한 선녀와 늙은 홀어머니를 지상에 두고 천상으로 올라간 나무꾼에 대해서 부정적인 평가를 하고 있다.

강 노인은 아파트로 이사가면서 그 동안 마음속에 묻어 두었던 북쪽 가족들의 이야기를 서사적 자아인 '나'에게 해준다. '나'는 강 노인의 이야기를 어떻게 끌고 갈 것인가로 고민한다. 그는 우연히 사할린 동포 김두천 씨의 신문기사를 본다. 사할린에 사는 딸이 청송군에 사는 전 부인에게 '한국 친지들의 편지가 아니었다'면 '아버지도 생존하였을 것'이라는 편지를 보내온 사연이다.99) '나'는 처음에 원망의 그늘만을 읽지만, 후에 아버지에 대한 애틋한 애정이 감추어져 있음을 발견하게 된다. 그리하여 진정한 의미의 분단 극복은 진실한 사랑과 화해에 의해 가능하다는 사실을 깨닫게 된다.

|주 해|

1) 김윤식 편(1977), 『염상섭』, 문학과지성사, pp. 199-200.
2) 황순원(1980), 『황순원전집 1』, 문학과지성사, pp. 62-63.
3) 황순원(1980), p. 63.
4) 황순원(1980), p. 63.
5) 황순원(1980), p. 313.
6) 황순원(1980), pp. 315-316.
7) 황순원(1980), p. 321.
8) 황순원(1980), p. 323.
9) 황순원(1980), p. 324.
10) 황순원(1980), p. 329.
11) 황순원(1980), p. 329.
12) 황순원(1980), p. 112.
13) 황순원(1980), pp. 49-50.
14) 황순원(1980), p. 59.
15) 황순원(1980), p. 348.
16) 황순원(1985), 『황순원전집 3』, 문학과지성사, p. 205.
17) 황순원(1985), p. 205.
18) 황순원(1985), p. 259.
19) 황순원(1980), pp. 171-172.
20) 황순원(1980), p. 295.
21) 황순원(1980), p. 301.
22) 황순원(1980), p. 305.
23) 황순원(1980), p. 312.
24) 황순원(1980), p. 375.
25) 황순원(1980), pp. 242-243.
26) 황순원(1980), pp. 267-268.
27) 황순원(1980), p. 273.
28) 김윤식·정호웅(1993), 『한국소설사』, 예하, p. 297.
29) 황순원(1980), pp. 213-214.
30) 함석헌(1970), 『성서적 입장에서 본 조선역사』, 성광문화사, p. 280.

31) 김윤식(1991), 『해방공간의 문학사론』, 서울대학교출판부, pp. 126 f.
32) 우한용(1990), 『한국현대소설구조연구』, 삼지원, p. 139.
33) 황순원(1985), 『황순원문학전집 6』, 문학과지성사, pp. 16-17.
34) 한국민중사연구회 편(1986), 『한국민중사Ⅱ』, 풀빛, pp. 158-160.
35) 황순원(1985), p. 41.
36) 황순원(1981), 『황순원문학전집 2』, 문학과지성사, p. 122.
37) 황순원(1981), pp. 177-178.
38) 황순원(1981), pp. 189-191.
39) 송현호(1994), 『한국현대소설의 해설』, 관동출판사, pp. 369-370.
40) 황순원(1981), p. 156.
41) 황순원(1981), p. 162.
42) 김윤식(1991), 『해방공간의 문학사론』, 서울대학교출판부, p. 200.
43) 황순원(1981), p. 196.
44) 황순원(1981), p. 199.
45) 황순원(1981), p. 252.
46) 황순원(1985), pp. 266-267.
47) 황순원(1985), p. 329.
48) 황순원(1985), 『황순원전집 7』, 문학과지성사, p. 154.
49) 황순원(1985), 『황순원전집 3』, 문학과지성사, p. 283.
50) 황순원(1985), p. 297.
51) 황순원(1985), p. 296.
52) 황순원(1985), p. 319.
53) 황순원(1985), pp. 325-326.
54) 황순원(1985), p. 349.
55) 황순원(1985), p. 353.
56) 황순원(1985), pp. 69-70.
57) 황순원(1979), 『나무들 비탈에 서다』, 삼중당, p. 11.
58) 황순원(1982), 『황순원전집 4』, 문학과지성사, p. 44.
59) 황순원(1982), p. 44.
60) 황순원(1982), p. 61.
61) 황순원(1982), pp. 91-93.
62) 황순원(1982), p. 195.

63) 황순원(1982), p. 196.
64) 황순원(1984), 『황순원전집 5』, 문학과사상사, p. 26.
65) 황순원(1984), pp. 221-222.
66) 황순원(1984), p. 223.
67) 황순원(1984), p. 151.
68) 황순원(1984), p. 260.
69) 황순원(1984), pp. 77-78.
70) 황순원(1984), p. 160.
71) 황순원(1984), p. 283.
72) 김치수(1966), 「외로움과 그 극복의 문제」, 『문학』, 1권 8호.
    성민엽(1983), 「존재론적 고독의 성찰」, 『황순원전집 8』, 문학과지성사.
73) 황순원(1973), 『황순원문학전집 2』, 삼중당, p. 85.
74) 황순원(1973), pp. 85-86.
75) 황순원(1973), p. 107.
76) 황순원(1973), 8권, p. 342.
77) 성민엽(1983), p. 455.
78) 황순원(1989), 『황순원문학전집 9』, 문학과지성사, p. 52.
79) 황순원(1989), p. 355.
80) 황순원(1989), pp. 346-347.
81) 황순원(1989), p. 11.
82) 황순원(1984), 『황순원전집 10』, 문학과사상사, p. 415.
83) 김윤정(1998), 『한국현대소설과 현대성의 미학』, 국학자료원, p. 207.
84) 황순원(1984), p. 37.
85) 황순원(1984), pp. 410-411.
86) 황순원(1984), p. 282.
87) 황순원(1984), p. 11.
88) 황순원(1984), pp. 279-280.
89) 황순원(1984), p. 278.
90) 황순원(1984), p. 239.
91) 황순원(1984), pp. 128-129.
92) 황순원(1984), p. 160.
93) 황순원(1984), pp. 323-332.

94) 황순원(1984), p. 349.
95) 황순원(1977),「그물을 거둔 자리」,『창작과비평』가을호, pp. 252-253.
96) 황순원(1984),「그림자풀이」,『현대문학』30-1, p. 266.
97) 황순원(1985. 9),「나의 죽부인전」,『한국문학』, p. 270.
98) 황순원(1985. 9), p. 270.
99) 황순원(1985),「땅울림」,『세계의 문학』겨울호, p. 293.

# 4

## 문학사적 의의

　필자는 선비 의식의 형성과 그 문학적 구현에 초점을 맞추어 작가의 생애를 재구성하고, 그의 작품을 주제에 따라 분류하여 살펴보았다. 앞에서 살펴본 내용을 간략히 정리하면 다음과 같다.

　황순원은 한국 현대문학사의 중심에서 영욕의 세월을 묵묵히 지켜본 선비이며, 우리 현대사의 증인이다. 그는 선비의 후예로 태어나서, 선비 밑에서 교육을 받고, 선비로 성장했다. 그의 집안은 본관이 제안이다. 8대 방조인 순승은 영조 때의 유명한 효자로 대개의 선비들이 그러했듯이 고집스러움을 지니고 있었다. 그의 효성과 고집스러움은 그의 손자인 염조에게 이어진다. 그리고 황순원의 조부와 부친에게로 이어진다. 황순원의 선비 기질은 조부와 부친으로부터 물려받은 바 크다.

　황순원은 문단에 발을 들여놓은 이후 오늘에 이르기까지 초지일관 문학가로서의 외길을 걸어왔다. 권력과 출세에 초연하면서 이데올로기에 흔들리지 않고 선비의 이상과 덕목을 체득해 나갔다. 일제하에서 많은 문인들이 자의든 혹은 타의든 친일을 할 때도, 좌파가 문단의 헤게모니를 장악할 때도, 우파가 반공문학을 내세울 때도, 많은 문인들이 독재자의 하수인으로 전락할 때, 신춘문예 최종 심사에 제자의 작품이 끼어 있을 때도 그는 흔들림이 없이 의연하게 처신하면서 고고하게 문학가의 외길을 걸어왔다.

그런데 그의 작품에 나타나는 주제는 대단히 다양하고 광범위하다. 그 가운데서 부 의식의 상실과 전통 지향성, 이념의 갈등과 부조리한 현실, 소외와 인간 구원의 문제는 우리의 주목을 끌기에 충분하다.

식민지 시대를 살아온 지식인의 갈등과 고뇌는 대단했을 것이다. 특히 동족의 수난의 현장을 둘러본 사람들이라면 민족적 울분을 직접 토로하거나, 그렇게 하지는 않았을지라도 그것을 가슴 깊이 묻어 두었을 가능성이 크다. 황순원은 민족적 거사에 참여한 적은 없다. 그러나 그 역시 남강과 부친의 영향으로 민족적 울분을 문학을 통하여 해소하고 있었다. 그러한 사실은 〈나의 꿈〉과 〈아들아 무서워 마라〉에서 확인할 수 있다.

가부장제적 사회에서 아버지는 임금, 스승과 더불어 가장 절대적인 존재이다. 따라서 나라를 잃은 것은 아버지를 잃은 슬픔에 비할 바 아니지만, 그와 진배없다. 우리가 국권의 상실을 부 의식의 상실과 동일선상에 놓고 논의하는 것은 밀접한 관련이 있다. 부 의식의 상실로 인한 서사적 자아의 불안 의식은

〈머리〉와 〈세레나데〉에도 잘 나타나 있다.

　이러한 불안 의식은 식민지 수탈 정책과 최소한의 생활마저 유지하기 어려운 빈곤으로 더욱 가중된다. 빈곤의 문제는 〈돼지계〉, 〈허수아비〉, 〈노새〉에 잘 나타나 있다. 이들 작품에서는 매춘 혹은 매녀의 문제까지 다루어지고 있다. 그러한 모티브는 〈사마귀〉, 〈불가사리〉, 〈잃어버린 사람들〉 등에서도 나타난다. 궁핍한 식민지하에서 불안 의식을 털어 버리고 새로운 미래를 창조하려면 잃어버린 부권을 회복하는 일이 무엇보다도 선결되어야 할 과제인데, 그러한 문제가 〈황노인〉, 〈독 짓는 늙은이〉, 〈그늘〉, 〈기러기〉 등에 잘 나타나 있다.

　해방 이후 현재에 이르기까지 우리 민족의 가장 중요한 문제는 아무래도 이념의 대립과 갈등일 것이다. 황순원은 해방 후 평양으로 돌아가 해방의 기쁨에 젖어 〈그날〉을 비롯한 몇 편의 시와 〈술〉을 비롯한 몇 편의 소설을 썼다. 그러나 해방은 그가 생각한 것과 너무나 거리가 멀었다. 노동자와 농민들을 선동하여 정치적 헤게모니를 장악하려고 한 공산당의 태도에 지주 계층인 황순원은 신변의 위협을 느끼기 시작했다. 1946년 5월에 월남을 결행하였다. 월남한 그해 시와 단편소설들을 계속해서 발표하였다.

　그런데 1946년 10월 1일 대구에서 '10월 사건'이 일어났다. 이후 그러한 충격적 사건은 꼬리에 꼬리를 물고 일어났다. 드디어 1950년 6·25전쟁의 비극이 일어난다. 민족간의 이념적 대립과 갈등은 〈별과 같이 살다〉, 단편집 『목넘이 마을의 개』, 〈아버지〉, 단편집 『곡예사』, 〈카인의 후예〉, 〈인간접목〉, 단편집

『잃어버린 사람들』, 단편집『학』, 〈나무들 비탈에 서다〉, 단편집『너와 나만의 시간』등에 잘 나타나 있다.

　군부 독재 시대와 산업화 사회의 도래로 1960년대 이후 한국 사회는 극도의 혼란에 빠져 든다. 4·19 혁명으로 분출한 자유와 민주주의에 대한 염원과 5·16 쿠데타에 의한 절망감은 많은 지식인들과 대학생들을 거리로 내몰았으며, 철저한 감시와 통제로 소외 문제와 생명의 존엄성에 대한 인식이 그 어느 때보다도 중요한 화두로 등장하였다. 많은 작가들이 자유에 대한 염원과 인간 구원의 문제에 천착한 것은 이에 연유한다. 황순원 역시 예외는 아니다.

　그러한 경향을 담은 작품이 〈온기 있는 파편〉, 〈숫자풀이〉 등이다. 또한 그는 초기작으로부터 최근의 작품에 이르기까지 줄기차게 인간 구원의 문제를 탐구하고 있다. 그런데 그것이 좀더 구체화되어 나타난 것은 1960년대 이후의 일이다. 그 가운데 가장 대표적인 작품이 〈일월〉, 〈움직이는 성〉, 〈신들의 주사위〉 등이다.

　단편집『탈』이후에 나온 단편소설 〈그물을 거둔 자리〉, 〈그림자풀이〉, 〈나의 죽부인전〉, 〈땅울림〉 등은 회갑을 넘기고 원숙한 경지에 이른 작가의 세계관이 투영된 작품들이다. 이들 작품에서 작가는 우리의 삶에서 가장 중요한 것이 진정한 의미의 사랑과 인간 구원의 문제임을 암시하고 있다.

　70년에 이르는 오랜 창작 생활과 시, 소설, 희곡 등 다양한 장르적 실험 그리고 엄청난 양의 작품 생산은 그를 한국 현대 문학사에서 빼놓을 수 없는 작가로 만들고 있다.

황순원을 말한다는 것은 해방 이후 한국 소설사를 전부 말하는 것과 다름없다. 그는 소설이라는 장르가 용납할 수 있는 모든 방법을 시험해 왔고 소설적 형상화가 가능한 모든 주제를 다루어 왔다. 그의 작품 속에는 소설사의 전체적인 윤곽을 구획지을 수 있는 여러 가지 특징이 담겨 있다.1)

외국에서도 그에 대한 관심이 지대했다. 1959년 〈소나기〉가 영국의 『엔카운터』(Encounter) 지의 단편문학 수상작으로 게재되었는데, 유의상이 영어로 번역했다. 1973년 〈학〉과 〈일월〉이 동수사(冬樹社)에서 간행된 『현대한국문학선집』(現代韓國文學選集)에 수록되었는데, 김소운이 일본어로 번역했다. 같은 해 〈황노인〉과 〈곡예사〉가 『르뷔 드 꼬레』(Revue de Coree) 지의 겨울호에 수록되었다. 〈황노인〉은 부셰(D. Bouchez)가, 〈곡예사〉는 루메구(H. Roumeguox)가 프랑스어로 번역했다. 1975년 〈카인의 후예〉가 The Cry of the Cuckoo라는 제목으로 출간되었는데, 장영숙과 밀러(Robert P. Miller)가 영어로 공역했다.

그의 작품의 중심이 시에서 단편소설로, 단편소설에서 장편소설로, 장편소설에서 시로 변화해 간 것은 단순히 장르와 창작 경향의 변화만을 의미하지 않는다. 그것은 타자와의 관계 속에서 자신의 존재를 확인하는 방법의 탐구이자 그 확대의 과정임에 틀림없다. 청년 시절의 유복한 지식인의 현실 인식과 완벽주의에 가까운 성실함이 시를 통하여 낭만적인 아름다움을 찾으려는 경향으로 나타났다면, 낭만적인 아름다움보다 현실의 부정적인 모습에 대한 인식이 커가면서 단편소설과 장편소설로 나아간 것으로 보인다.

그는 누구보다도 문학의 순수성을 굳게 지켜온 작가이다. 문학이 언어의 구조물이며 언어 예술이라는 사실에 지나칠 정도로 집착을 보여 '문장 하나 토씨 하나에도 소홀하지'[2] 않았다. 또한 한국인의 정서를 한국인의 토착적인 언어를 통하여 자연스럽게 구현하여 한국적 아름다움을 추구하고 있다.

따라서 백철이 황순원을 '시골을 무대로 노인·소년·동물들을 등장시켜 스토리 텔링의 소품들과 단편들을 많이 발표했다'고[3] 한 것이나 조남현이 황순원의 작중 인물들을 '진공 상태 속에 존재하고 있'거나 '6·25라는 엄청난 비극을 겪으면서 결과적으로' '진공관 밖으로 내보내지 않으면 안 될 강박 관념을 확인할' 수 있는 정도라고 한 것은 적절한 지적으로 보인다.[4] 김치수가 언어는 '작가의 출발점이면서 동시에 종착점이고 요컨대 작가의 모든 것'이며 '작가란 작품으로만 말하는 사람이라는 것을 실천으로 보여준 작가'라고 한 것도 타당한 평가라고 할 수 있다.[5]

현실에 대한 그의 반응은 적극적이지도 즉각적이지도 않다. 어디까지나 점잖음과 치밀함에 바탕을 두고 변화하는 현실에 유연하게 대처하면서 긍정적인 가능성을 보여주고 있다. 말년에 다시 추구하기 시작한 시 창작은 부정적인 것들을 포용하려는 원숙함의 표출로 볼 수도 있다. 이러한 과정을 통해 그는 자신을 한국 현대문학사에 확고하게 올려놓고 있다. 나이가 많은 원로로서가 아니라 현실의 다양함을 충실히 문학적으로 수용하려고 한 데서 그의 진가는 드러나고 있는 것이다. 때문에 황순원을 '시대적 상황과 부딪친 능동적 의지의 소산'으로 '역사와 현실의 내면화'[6]에 주력해 온 작가라고 한 오생근의 평가도 타당성이 있다고 하겠다.

|주 해|

1) 권영민(1985), 「황순원의 문체, 그 소설적 미학」, 『말과 삶의 자유』, 문학과지성사, p. 148.
2) 김치수(1984), 「소설의 조직성」, 『신들의 주사위』; 『황순원전집 10』, 문학과지성사, pp. 409-410.
3) 백  철(1980), 『신문학사조사』, 신구문화사, p. 602.
4) 조남현(1985), 「순박한 삶의 파괴와 회복」, 『학/잃어버린 사람들』; 『황순원전집 3』, 문학과지성사, pp. 355-356.
5) 김치수(1984), p. 409.
6) 오생근(1993), 「전반적 검토」, 『황순원 연구』, 문학과지성사, p. 12.

연보 및 연구자료

1. 작가 연보

1915년(1세)    3월 26일, 평안남도 대동군 재경면 빙장리 1175번지에서 부친 찬영씨와 모친 장찬봉 여사의 맏아들로 태어남. 字는 晩岡, 둘째 順萬, 셋째 순필. 본관은 齊安.
1919년(5세)    3·1 독립운동 일어남. 평양 崇德學校 고등과 교사로 계시던 부친이 태극기와 독립선언서 평양 시내 배포 책임자의 한 분으로 일경에 붙들려 징역 1년 6개월의 실형을 받음.
1921년(7세)    평양으로 이사.
1923년(9세)    평양 崇德小學校 입학.
1929년(15세)   3월, 숭덕소학교 졸업, 정주 오산중학교 입학. 남강 이승훈 선생 뵘.
              9월, 건강 때문에 평양 숭실중학교로 전학.
              11월 3일, 광주학생사건 일어남.
1930년(16세)   시를 쓰기 시작함.
1931년(17세)   시 〈나의 꿈〉, 〈아들아 무서워 마라〉를 『東光』에 발표.

| | |
|---|---|
| 1932년(18세) | 주요한으로부터 김해강, 모윤숙, 이용수와 더불어 신예 시인으로 소개받음. |
| 1934년(20세) | 3월, 숭실중학교 졸업. 일본 동경 와세다 제2고등학원 입학. 동경에서 李海浪, 金東園 등과 극예술 연구 단체인 '동경학생예술좌'를 창립. |
| | 11월 첫 시집 『放歌』를 '동경학생예술좌'에서 간행. |
| 1935년(21세) | 1월 17일, 양정길(본관은 淸州, 1915년 9월 16일생)과 결혼. |
| | 시집 『放歌』를 조선총독부의 검열을 피하기 위해 동경에서 간행했다 하여 여름방학 때 귀성했다가 평양 경찰서에 붙들려 들어가 29일간 구류당함. |
| | 서울에서 발행하는 『삼사문학』의 동인이 됨. |
| 1936년(22세) | 3월, 와세다 제2고등학원 졸업, 와세다대학 문학부 영문과 입학. 동경에서 발행하는 『創作』 동인이 됨. |
| 1937년(23세) | 7월, 단편 「거리의 副詞」를 『창작』 제3집에 발표. |
| 1938년(25세) | 4월 9일, 장남 東奎 출생. |
| 1939년(25세) | 3월, 와세다대학 졸업. |
| 1940년(26세) | 8월, 단편집 『늪』(간행시의 표제는 '황순원단편집')을 서울 한성도서에서 간행. |
| | 원응서와 친교를 맺음. |
| 1942년(28세) | 3월, 단편 〈그늘〉을 『춘화』에 발표. 일제의 한글말살 정책에 의하여 발표기관이 없어지기 시작하여 발표치 못하고 써둠. |
| | 단편 〈기러기〉, 〈병든 나비〉 등. |
| 1943년(29세) | 9월, 평양에서 향리인 氷庄里로 소개. |
| | 11월 7일, 딸 출생. |
| 1945년(31세) | 8월 15일 해방. |
| 1946년(32세) | 5월, 월남. |
| | 9월, 서울중고등학교교사 취임. |
| 1947년(33세) | 장편 〈별과 같이 살다〉를 부분적으로 독립시켜 잡지에 발표. |
| 1948년(34세) | 8월 15일, 대한민국 정부수립. |
| | 12월, 해방 후의 단편만을 모은 단편집 『목넘이 마을의 개』를 育文社에서 간행. |

| | |
|---|---|
| 1950년(36세) | 6월 25일, 6·25전쟁 발발. 경기도 광주로 피난. 1·4후퇴 때는 부산으로 피난. |
| 1951년(37세) | 8월, 해방 전의 작품만 모은 단편집 『기러기』를 명세당에서 간행. |
| 1953년(39세) | 7월 27일, 휴전협정 조인 후 피난지에서 돌아옴. |
| | 단편 〈산골아이〉 중학교 국어교과서에 수록. |
| 1955년(41세) | 3월, 장편 〈카인의 후예〉로 아세아 자유문학상 수상. |
| | 서울중고등학교 교사 사임, 『현대문학』추천작품 심사위원에 피촉. |
| 1956년(42세) | 12월, 『문학예술』추천작품 선정위원으로 피촉. |
| 1957년(43세) | 4월, 경희대 문리대 교수로 취임. 예술원 회원 피선. |
| 1958년(44세) | 단편 〈과부〉가 영화화됨. |
| 1959년(45세) | 5월, 단편 〈소나기〉가 유의상의 영역으로 영국 Encounter 誌에 수상 게재됨. |
| 1960년(46세) | 장편 〈나무들 비탈에 서다〉를 사상계사에서 간행. |
| | 4월 19일, 학생의거 일어남. |
| 1961년(47세) | 5월 16일, 군사쿠데타 일어남. |
| | 7월, 〈나무들 비탈에서다〉로 예술원상 수상. |
| | 단편 〈잃어버린 사람들〉이 주요섭의 영역으로 Collected Short Stories from Korea(國際 P.E.N. 한국본부 간) 제1권에 수록됨. |
| 1963년(49세) | 단편 〈학〉이 유의상의 영역으로 미국 季刊誌 Praise Schooner 가을호에 게재됨. |
| 1964년(50세) | 『황순원 전집』전6권을 창우사에서 간행. |
| 1965년(52세) | 3월, 장편 〈일월〉로 3·1문화상 수상. |
| | 5월, 단편 〈원색 오뚜기〉가 김종출의 영역으로 Korea Journal 에 게재됨. |
| | 9월 17일, 부모의 回婚禮 있음. |
| | 단편 〈소나기〉가 인문계 중학교 국어 3에, 단편 〈학〉이 실업계 고교 국어 3에 각각 수록됨. |
| | 3·1 문화상 심사위원에 피촉. |
| | 단편 〈잃어버린 사람들〉, 〈소나기〉, 〈왕모래〉가 이장절의 독 |

|         |                                                                                  |
|---------|----------------------------------------------------------------------------------|
|         | 역으로 *Die Bunten Schuhe*(Horst Erdmann Verlag 刊)에 수록됨. |
| 1967년(53세) | 단편 〈잃어버린 사람들〉과 장편 〈일월〉이 영화화됨. |
| 1968년(54세) | 단편 〈가랑비〉가 김종윤의 영역으로 *Korea Journal*에 게재됨. |
|         | 12월, 『월간문학』 편집위원에 피촉. |
|         | 한글전용 심의위원 피촉. |
|         | 장편 〈나무들 비탈에서다〉, 〈카인의 후예〉 영화화됨. |
| 1969년(55세) | 『황순원 대표작 선집』 전6권을 조광출판사에서 간행. |
|         | 콩트 〈무서운 웃음〉이 최해춘의 영역으로 *Korea Times*에 게재됨. |
| 1970년(56세) | 단편 〈너와 나만의 시간〉이 전종화의 영역으로 필리핀 *Solidarity* 誌에 게재됨. |
|         | 6월, 국제 펜클럽 제37차 서울대회에서 한국 대표로 「한국 문학에 있어서의 해학의 특성」이란 題로 주제를 발표. |
|         | 단편 〈鶴〉이 김세영의 영역으로 *Modern Korean Short and Plays*(국제 펜클럽 한국 본부간)에 수록됨. |
|         | 8월 15일, 국민훈장 동백장 받음. |
|         | 11월 3일, 5일, 장편 〈나무들 비탈에 서다〉가 장왕록 영역으로 *Korea Times*에 게재됨. |
| 1971년(57세) | '외솔회' 이사에 피촉. |
| 1972년(58세) | 단편 〈산골아이〉 중의 '도토리'가 Norman Thorpe의 영역으로 *Korea Journal*에 게재됨. |
|         | 12월, 부친 서거. |
| 1973년(59세) | 11월 5일, 친구 원응서 별세. |
|         | 12월, 『황순원 문학전집』 전7권을 삼중당에서 간행. |
| 1974년(60세) | 1월 10일, 모친 서거. |
| 1975년(61세) | 3월 26일, 회갑이지만 다른 행사는 사양하고 예년과 같이 지냄. |
| 1976년(62세) | 미국, 일본, 대만 등지를 여행. |
| 1980년(66세) | 9월, 경희대학교 교수 정년 퇴임과 동시에 명예교수로 취임. |
|         | 장편 〈신들의 주사위〉가 문학과지성사의 폐간으로 가을호부터 연재 중단됨. |
|         | 『황순원 전집』 전12권 중 제1권 『늪/기러기』, 『움직이는 성』 |

|         |                                                                 |
|---------|-----------------------------------------------------------------|
|         | 이 문학과지성사에서 간행됨.                                      |
| 1982년(68세) | 『황순원 전집』 제4권 『너와 나만의 시간/내일』, 제10권 『신들의 주사위』가 간행됨. |
| 1983년(69세) | 12월, 장편 『신들의 주사위』로 대한민국 문학상 본상 수상.        |
| 1984년(70세) | 6월 22일부터 두 달 동안 부부 동반으로 미국에 있는 딸에 가족과 함께 미국 중부·서부지방과 유럽의 영국, 프랑스, 스위스, 이탈리아, 오스트리아, 독일, 벨기에 등지를 여행. |
| 1985년(71세) | 3월, 『황순원 전집』 제11권 『시선집』, 제12권 『황순원 연구』가 간행됨. 같은 달에 「말과 삶과 자유」를 『말과 삶과 자유』(문학과지성)에 수록. |
| 1987년(73세) | 제1회 인촌상 문학부문 수상. 예술원 원로회원에 추대됨.           |
| 1990년(76세) | 선친께서 건국훈장 애족장을 받음.                                |
| 1994년(80세) | 현재 서울시 동작구 사당동에 거주.                              |

## 2. 작품 연보

▶ 시 집

『방가』 동경학생예술좌, 1934. 11.
『골동품』 동경학생예술좌, 1936. 5.
『창작』 제1집, 1936. 3(동인지).

▶ 시

〈나의 꿈〉, 『동광』, 1931. 7.
〈아들아 무서워 마라〉, 『동광』, 1931. 9.
〈默想〉, ≪조선중앙일보≫, 1931. 12. 24.
〈젊은이여〉, 『동광』, 1932. 1.
〈街頭로 울며 헤매는 者여〉, 『혜성』, 1932. 4.
〈넋잃은 그의 앞가슴을 향하여〉, 『동광』, 1932. 5.
〈荒海를 건너는 사공아〉, 『동광』, 1932. 7.

〈잡초〉, 1932. 7(탈고).
〈등대〉, 1932. 10(탈고).
〈떨어지는 이날의 태양은〉,『신동아』, 1933. 1.
〈그날부터〉,『신동아』, 1933. 1.
〈1933년의 수레바퀴〉, 1933. 1(탈고).
〈강한 여성〉, 1933. 4(탈고).
〈옛사랑〉, 1933. 5(탈고).
〈압록강〉, 1933. 6(탈고).
〈황혼의 노래〉, 1933. 7(탈고).
〈이역에서〉,『신동아』, 1934. 9.
〈밤거리에 나서서〉, ≪조선중앙일보≫, 1934. 12. 18.
〈새로운 행진〉, ≪조선중앙일보≫, 1935. 1. 2.
〈귀향의 노래〉, ≪조선중앙일보≫, 1935. 1. 25.
〈거지애〉, ≪조선중앙일보≫, 1935. 3. 11.
〈새 출발〉, ≪조선중앙일보≫, 1935. 4. 5.
〈밤 차〉, ≪조선중앙일보≫, 1935. 4. 16.
〈가로수〉, ≪조선중앙일보≫, 1935. 4. 25.
〈굴뚝〉, ≪조선중앙일보≫, 1935. 5. 7.
〈고향을 향해〉, ≪조선중앙일보≫, 1935. 6. 16.
〈午後의 一片〉, ≪조선중앙일보≫, 1935. 6. 25.
〈고독〉, ≪조선중앙일보≫, 1935. 7. 5.
〈찻속에서〉, ≪조선중앙일보≫, 1935. 7. 26.
〈무덤〉, ≪조선중앙일보≫, 1935. 8. 22.
〈개미〉, ≪조선중앙일보≫, 1935. 10. 15.
〈逃走〉,『창작』제2집, 1936. 4.
〈잠〉,『창작』제2집, 1936. 4.
〈종달새〉,『골동품』, 1936. 5.
〈반딧불〉,『골동품』, 1936. 5.
〈코끼리〉,『골동품』, 1936. 5.
〈나비〉,『골동품』, 1936. 5.
〈게〉,『골동품』, 1936. 5.

〈오리〉, 『골동품』, 1936. 5.
〈사람〉, 『골동품』, 1936. 5.
〈맨드라미〉, 『골동품』, 1936. 5.
〈앵두〉, 『골동품』, 1936. 5.
〈해바라기〉, 『골동품』, 1936. 5.
〈옥수수〉, 『골동품』, 1936. 5.
〈호박〉, 『골동품』, 1936. 5.
〈파리〉, 『골동품』, 1936. 5.
〈갈대〉, 『골동품』, 1936. 5.
〈선인장〉, 『골동품』, 1936. 5.
〈팽이〉, 『골동품』, 1936. 5.
〈담뱃대〉, 『골동품』, 1936. 5.
〈빌딩〉, 『골동품』, 1936. 5.
〈지도〉, 『골동품』, 1936. 5.
〈우체통〉, 『골동품』, 1936. 5.
〈괘종〉, 『골동품』, 1936. 5.
〈공〉, 『골동품』, 1936. 5.
〈칠월의 추억〉, 『신동아』, 1936. 7.
〈과정〉, 『작품』 제1집, 1938. 10.
〈행동〉, 『작품』 제1집, 1938. 10.
〈무지개가 있는〉, 『단층』, 1940. 6.
〈소라껍데기가 있는 바다〉, 『단층』, 1940. 6.
〈臺詞〉, 『단층』, 1940. 6.
〈당신과 나〉, 1945. 8(탈고).
〈신음소리〉, 1945. 10(탈고).
〈열매〉, 1945. 11(탈고).
〈골목〉, 1945. 11(탈고).
〈그날〉, 『관서시인집』, 1946. 1.
〈저녁 저자에서〉, 『민성』 87호, 1946. 7.
〈향수〉, 『조선시집』, 1952. 12.
〈제주도말〉, 『조선시집』, 1952. 12.

〈새〉, 1955. 12(탈고).
〈나무〉,『새벽』, 1956. 1.
〈세레나데〉,『韓國詩集』.
〈동화〉,『현대문학』, 1974. 3.
〈肖像畵〉,『현대문학』, 1974. 3.
〈헌가〉,『현대문학』, 1974. 3.
〈공에의 의미〉,『현대문학』, 1974. 12.
〈돌〉,『한국문학』, 1977. 3.
〈늙는다는 것〉,『한국문학』, 1977. 3.
〈高熱로 앓으며〉,『한국문학』, 1977. 3.
〈겨울 風景〉,『한국문학』, 1977. 3.
〈戰爭〉,『현대문학』, 1977. 4.
〈링컨이 숨진 집을 나와〉,『현대문학』, 1977. 4.
〈位置〉,『현대문학』, 1977. 4.
〈宿題〉,『현대문학』, 1977. 4.
〈모란 1, 2〉,『한국문학』, 1979. 5.
〈꽃〉,『한국문학』, 1980. 6.
〈낭만적〉,『현대문학』, 1983. 3.
〈관계〉,『현대문학』, 1983. 3.
〈메모〉,『현대문학』, 1983. 3.
〈우리들의 歲月〉,『월간조선』, 1984. 3.
〈도박〉,≪한국일보≫, 1984. 3. 25.
〈한 風景〉,『현대문학』, 1984. 7.
〈告白〉,『현대문학』, 1984. 7.
〈기운다는 것〉,『현대문학』, 1984. 10.
〈散策길에서1〉,『현대문학』, 1992. 9.
〈散策길에서2〉,『현대문학』, 1992. 9.
〈죽음에 대하여〉,『현대문학』, 1992. 9.
〈微熱이 있는 날 밤〉,『현대문학』, 1992. 9.
〈밤 늦어〉,『현대문학』, 1992. 9.
〈기쁨은 그냥〉,『현대문학』, 1992. 9.

〈숫돌〉,『현대문학』, 1992. 9.
〈무서운 아이〉,『현대문학』, 1992. 9.

▶ 소설집
단편집『늪』, 한성도서, 1940. 8.
단편집『목넘이 마을의 개』, 육문사, 1948. 12.
장편『별과 같이 살다』, 정음사, 1950. 2.
단편집『기러기』, 명세당, 1951. 8.
단편집『곡예사』, 1952. 6.
장편『카인의 후예』, 중앙문화사, 1954. 12;『문예』1953. 9월부터 5회 중단.
단편집『학』, 중앙문화사, 1956. 12.
장편『인간접목』, 중앙문화사, 1957. 10;〈천사〉,『새가정』1955. 12월부터 1년간 연재.
단편집『잃어버린 사람들』, 중앙문화사, 1958. 3.
장편『나무들 비탈에 서다』,『思想界』, 1960. 9; 1960. 1~7월『思想界』연재.
단편집『너와 나만의 시간』, 정음사, 1964. 5.
장편『日明』, 創又社, 1964. 12;『現代文學』, 1962. 1~5월, 1962. 10~1963. 4월, 1964. 8~1965. 1월 연재.
장편『움직이는 성』, 삼중당, 1973. 5;『현대문학』, 1968. 5~10월, 1969. 7월, 1970. 5월, 1971. 3~6월, 1972. 4~10월 연재.
단편집『탈』, 문학과지성사, 1976. 3.
장편『신들의 주사위』, 문학과지성사, 1978. 3;『문학과지성』, 1978. 2.

▶ 소 설
〈거리의 副詞〉,『창작』제3집, 1937. 7;『늪』
〈돼지系〉,『작품』제1집, 1938. 10;『늪』
〈늪〉,『늪』, 1940. 8.
〈허수아비〉,『늪』, 1940. 8.
〈配役들〉,『늪』, 1940. 8.
〈소라〉,『늪』, 1940. 8.
〈갈대〉,『늪』, 1940. 8.

〈지나가는 비〉,『늪』, 1940. 8.
〈닭 祭〉,『늪』, 1940. 8.
〈園丁〉,『늪』, 1940. 8.
〈피아노가 있는 가을〉,『늪』, 1940. 8.
〈사마귀〉,『늪』, 1940. 8.
〈風俗〉,『늪』, 1940. 8.
〈별〉,『인문평론』, 1941. 2;『기러기』
〈그늘〉,『춘추』, 1942. 3;『기러기』
〈술-술이야기〉,『신천지』, 1947. 2;〈술〉,『목넘이 마을의 개』
〈아버지〉,『문학』, 1947. 2;『목넘이 마을의 개』
〈두꺼비〉,『우리 공론』, 1947. 4;『목넘이 마을의 개』
〈담배 한 대 피울 동안〉,『신천지』, 1947. 9;『목넘이 마을의 개』
〈목넘이 마을의 개〉,『개벽』, 1948. 3;『목넘이 마을의 개』
〈집〉,『목넘이 마을의 개』, 1948. 12.
〈별과 같이 살다〉,『목넘이 마을의 개』, 1948. 12.
〈황소들〉,『목넘이 마을의 개』, 1948. 12.
〈검부러기〉,『신천지』, 1949. 2;〈몰이꾼〉,『학』
〈솔개와 고양이와 매와〉,『신천지』, 1949. 5;〈무서운 웃음〉,『곡예사』
〈산골아이〉,『민성』, 1949. 7;『기러기』
〈맹산할머니〉,『문예』, 1949. 8;『기러기』
〈황老人〉,『신천지』, 1949. 9;『기러기』
〈노새〉,『문예』, 1949. 12;『기러기』
〈기러기〉,『문예』, 1950. 1;『기러기』
〈이리도〉,『백민』, 1950. 2;『곡예사』
〈병든나비〉,『혜성』, 1950. 2;『기러기』
〈모자〉,『신천지』, 1950. 3;『곡예사』
〈독 짓는 늙은이〉,『문예』, 1950. 4.
〈메리크리스마스〉,≪영남일보≫, 1950. 12;『곡예사』
〈어둠속에 찍힌 판화〉,『신천지』, 1951. 1;『곡예사』
〈저녁놀〉,『기러기』, 1951. 8.
〈애〉,『기러기』, 1951. 8.

〈머리〉,『기러기』, 1951. 8.
〈세레나데〉,『기러기』, 1951. 8.
〈물 한 모금〉,『기러기』, 1951. 8.
〈눈〉,『기러기』, 1951. 8.
〈곡예사〉,『문예』, 1952. 1;『곡예사』
〈목숨〉,『주간문화예술』, 1952. 5;『곡예사』
〈솔메마을에 생긴 일〉,『곡예사』, 1952. 6.
〈아이들〉,『곡예사』, 1952. 6.
〈골목안 아이〉,『곡예사』, 1952. 6.
〈그〉,『곡예사』, 1952. 6.
〈과부〉,『문예』, 1953. 1;『학』
〈소나기〉,『신문학』제4집, 1953. 5;『학』
〈학〉,『신천지』, 1953. 5;『학』
〈간도삽화〉,『신천지』, 1953. 10; 〈여인들〉,『학』
〈태동〉,『문화세계』, 1953. 11; 〈맹아원에서〉,『학』
〈윤삼이〉,『신천지』, 1954. 1; 〈왕모래〉,『학』
〈사나이〉,『문학예술』, 1954. 2;『학』
〈무서움〉,『현대문학』, 1955. 2; 〈부끄러움〉, 1954. 12 탈고
〈불가사리〉,『문학예술』, 1956. 1;『잃어버린 사람들』
〈잃어버린 사람들〉,『현대문학』, 1956. 1;『잃어버린 사람들』
〈산〉,『현대문학』, 1956. 7;『잃어버린 사람들』
〈비바리〉,『문학예술』, 1956. 7;『잃어버린 사람들』
〈청산가리〉,『학』, 1956. 12.
〈참외〉,『학』, 1956. 12.
〈두메〉,『학』, 1956. 12.
〈매〉,『학』, 1956. 12.
〈필묵장수〉,『학』, 1956. 12.
〈내일〉,『현대문학』, 1957. 2.
〈소리〉,『현대문학』, 1957. 5.
〈다시 내일〉,『현대문학』, 1958. 1.
〈링 반데룽〉,『현대문학』, 1958. 4;『너와 나만의 시간』

〈모든 영광은〉,『현대문학』, 1958. 7;『너와 나만의 시간』
〈꽁트삼제〉,『사상계』, 1958. 7;〈이삭주이〉,『너와 나만의 시간』
〈너와 나만의 시간〉,『현대문학』, 1958. 10;『너와 나만의 시간』
〈한 벤취에서〉,『자유공론』, 1958. 12;『너와 나만의 시간』
〈안개 구름 끼다〉,『사상계』, 1959. 1;『너와 나만의 시간』
〈할아버지가 있는 데쌍〉,『사상계』, 1959. 10;『너와 나만의 시간』
〈꽁뜨二題〉,『藝術院報』, 1960. 12;〈손톱에 쓰다〉,『너와 나만의 時間』
〈내 고향 사람들〉,『現代文學』, 1961. 3;『너와 나만의 時間』
〈가랑비〉,『自由文學』, 1961. 6;『너와 나만의 時間』
〈송아지〉,『思想界』, 1961. 11 ;『너와 나만의 時間』
〈그래도 우리끼리는〉,『思想界』, 1963. 7;『너와 나만의 時間』
〈비늘〉,『現代文學』, 1963. 10;『너와 나만의 時間』
〈달과 발과〉,『現代文學』, 1964. 2;『너와 나만의 時間』
〈소리그림자〉,『사상계』, 1965. 4;『탈』
〈온기있는 파편〉,『신동아』, 1965. 6;『탈』
〈어머니가 있는 유월의 對話〉,『현대문학』, 1965. 7;『탈』
〈메마른 것들〉,『사상계』, 1965. 11;〈아내의 눈길〉,『탈』
〈조그만 섬마을에서〉,『예술원보』제9집, 1965. 12.
〈原色 오뚜기〉,『현대문학』, 1966. 1;『탈』
〈수컷 퇴화설〉,『문학』, 1966. 6;『탈』
〈自然〉,『현대문학』, 1966. 8;『탈』
〈닥터 장의 경우〉,『신동아』, 1966. 11;『탈』
〈雨傘을 접으며〉,『문학』, 1966. 11;『탈』
〈피〉,『현대문학』, 1967. 1;『탈』
〈겨울 개나리〉,『현대문학』, 1967. 8;『탈』
〈차라리 내 목을〉,『신동아』, 1967. 8;『탈』
〈幕은 내렸는데〉,『현대문학』, 1968. 1;『탈』
〈탈〉, ≪조선일보≫, 1971. 9.
〈숫자풀이〉,『문학사상』, 1974. 7;『탈』
〈마지막 잔〉,『현대문학』, 1974. 10;『탈』
〈이날의 지각〉,『문학사상』, 1975. 4;『탈』

〈뿌리〉,『주간조선』, 1975. 6;『탈』
〈주검의 場所〉,『문학과지성』, 1975. 11;『탈』
〈나무와 돌, 그리고〉,『현대문학』, 1976. 3;『탈』
〈그물을 거둔 자리〉,『창작과비평』, 1977. 9.
〈그림자풀이〉,『현대문학』, 1984. 1.
〈나의 죽부인전〉,『한국문학』, 1985. 9.
〈땅울림〉,『세계의문학』, 1985. 12.

단상 〈말과 삶과 자유〉,『문학과지성』, 1985. 3.
단상 〈말과 삶과 자유 2〉,『현대문학』, 1986. 5.
단상 〈말과 삶과 자유 3〉,『현대문학』, 1986. 9.
단상 〈말과 삶과 자유 4〉,『현대문학』, 1987. 1.
단상 〈말과 삶과 자유 5〉,『현대문학』, 1987. 5.
단상 〈말과 삶과 자유 6〉,『현대문학』, 1988. 3.

## 3. 연구 목록

(1) 자 료

황순원,『늪 / 기러기』,『황순원전집』제1권, 문학과지성사, 1992.
_____,『목넘이마을의 개 / 曲藝師』,『황순원전집』제2권, 문학과지성사, 1992.
_____,『학 / 잃어버린 사람들』,『황순원전집』제3권, 문학과지성사, 1991.
_____,『너와 나만의 時間 / 내일』,『황순원전집』제4권, 문학과지성사, 1991.
_____,『탈 / 기타』,『황순원전집』제5권, 문학과지성사, 1991.
_____,『별과 같이 살다 / 카인의 後裔』,『황순원전집』제6권, 문학과지성사, 1992.
_____,『人間接木 / 나무들 비탈에 서다』,『황순원전집』제7권, 문학과지성사, 1990.
_____,『日月』,『황순원전집』제8권, 문학과지성사, 1993
_____,『움직이는 城』,『황순원전집』제9권, 문학과지성사, 1989.
_____,『神들의 주사위』,『황순원전집』제10권, 문학과지성사, 1989.
_____,『詩選集』,『황순원전집』제11권, 문학과지성사, 1993

황순원, 「비평에 앞서 이해를」, 《한국일보》, 1960. 12. 15.
_____, 「한 비평가의 정신자세」, 《한국일보》, 1960. 12. 21.
_____, 「유랑민근성과 시적 근원」, 『문학사상』 제1권 제2호, 1972.
_____, 인터뷰 기사, 《조선일보》, 1976. 10. 20.
_____, 인터뷰 기사, 《서울신문》, 1980. 12. 27.
_____, 전상국과의 대담, 「문학과 더불어 한평생」, 『대학주보』, 경희대학교, 1980. 9. 15.
_____, 「대표작 자선자평 ― 유랑민 근성과 시적 근원」(대담), 『문학사상』, 1972. 11.
_____, 「비평에 앞서 이해를」, 《한국일보》, 1960. 12. 15.
_____, 「한 비평가의 정신자세」, 《한국일보》, 1960. 12. 21.
_____ 외, 『말과 삶과 自由』, 문학과지성사, 1985.
오생근 편, 『황순원 연구』, 『황순원전집』 제12권, 문학과지성사, 1993.
김 현, 「해방후 한국사회와 황순원의 작품세계」, 『대학주보』, 경희대학교, 1980. 9. 15. (상).
_____, 「해방후 한국사회와 황순원의 작품세계」, 『대학주보』, 경희대학교, 1980. 9. 22. (하).
전상국, 「시공을 초월한 영원한 여인상」, 《일간스포츠》, 1981. 6. 29.
백 철, 「전환기의 작품자세」, 《동아일보》, 1960. 12. 9~10.
_____, 「작품은 실험적인 소산」, 《한국일보》, 1960. 12. 18.

(2) 단행본
구인환, 『한국근대 소설연구』, 삼영사, 1983.
구인환·구창환, 『문학의 원리』, 법문사, 1975.
권영민, 『소설의 시대를 위하여』, 이우출판사, 1983.
_____, 『한국현대문학사』, 민음사, 1985.
_____, 『해방40년의 문학·4』, 민음사, 1985.
권오룡, 『존재의 변명』, 문학과지성사, 1989.
김 철, 『잠없는 시대의 꿈』, 문학과지성사, 1989.
김 현, 『사회와 윤리』, 일지사, 1978.
김병익, 『열림과 일굼』, 문학과지성사, 1991.

김병익,『지성과 문학』, 문학과지성사, 1982.
김봉군·이용남·한상무 공저,『한국현대작가론』, 민지사, 1984.
김상태,『언어와 문학세계』, 이우출판사, 1989.
김선학,『현실과 언의 그물』, 민음사, 1988.
김시태,『식민지 시대의 비평문학』, 이우출판사, 1989.
김용직,『김소월 전집/나 못잊어 생각나겠지요』, 문장, 1981.
\_\_\_\_\_ 편,『상징』, 문학과지성사, 1988.
김용희,『현대소설에 나타난 '길'의 상징성』, 정음사, 1986.
김우규 편,『기독교와 문학』, 종로서적, 1992.
김우종,『한국현대소설사』, 성문각, 1980.
\_\_\_\_\_,『현대 소설의 이해』, 이우출판사, 1976.
김윤식,『우리 문학의 넓이와 깊이』, 서재헌, 1979.
\_\_\_\_\_,『우리근대 소설 논집』, 이우출판사, 1986.
\_\_\_\_\_,『한국현대문학사』, 일지사, 1979.
김윤식·김우종 외,『한국현대문학사』, (주)현대문학, 1989.
김윤식·김현,『한국문학사』, 민음사, 1984.
김윤식·정호웅,『한국문학의 리얼리즘과 모더니즘』, 민음사, 1989.
김윤정,『한국현대소설과 현대성의 미학』, 국학자료원, 1998
김은전 외,『한국현대시사의 쟁점』, 시와시학사, 1991.
김재홍,『한국현대시인연구』, 일지사, 1987.
\_\_\_\_\_,『한국현대 문학의 비극론』, 시와시학사, 1991.
\_\_\_\_\_,『현대시와 역사인식』, 인하대학교출판부, 1968.
김종호,『실존과 소외』, 성균관대학교출판부, 1980.
김종희,『현실과 문학의 상상력』, 수필문학사, 1990.
김주연,『현대문학과 기독교』, 문학과지성사, 1984.
김천영 편저,『연표 한국 현대사』, 한울림, 1985.
김치수,『문학과 비평의 구조』, 문학과지성사, 1984.
김현·김주연 편,『문학이란 무엇인가』, 문학과지성사, 1976.
김화영,『문학 상상력의 연구』, 문학사상사, 1989.
남진우,『바벨탑의 언어』, 문학과지성사, 1989.
마광수,『상징시학』, 청하, 1985.

마광수 편저,『심리주의 비평의 이해』, 청하, 1987.
문덕수,『한국 모더니즘시 연구』, 시문학사, 1981.
문학사와비평연구회 편,『1950년대 문학 연구』, 예하, 1991.
박이도,『한국 현대시와 기독교』, 종로서적, 1987.
박이문,『하나만의 선택』, 문학과지성사, 1983.
박철희,『서정과 인식』, 이우출판사, 1982.
박철희·김시태,『문학의 이론과 방법』, 이우출판사, 1989.
\_\_\_\_\_,『작가 작품론 1 / 시』, 문학과비평사, 1990.
백  철,『문학의 개조』, 1958.
\_\_\_\_\_,『신문학사조사』, 신구문화사, 1980
백철·이병기,『국문학전사』, 신구문화사, 1981.
백낙청,『민족문학과 세계문학』, 창작과비평사, 1978.
\_\_\_\_\_,『현대문학을 보는 시각』, 솔, 1991.
서준섭,『한국 모더니즘 문학 연구』, 일지사, 1988.
송하섭,『한국 현대 소설의 서정성 연구』, 단국대학교출판부, 1989.
송현호,『한국현대소설의 이해』, 민지사, 1992.
\_\_\_\_\_,『한국현대소설의 이해』, 민지사, 1992.
\_\_\_\_\_,『소설마당5』, 관동출판사, 1992.
\_\_\_\_\_,『소설마당7』, 관동출판사, 1992.
신동욱,『문학의 해석』, 고려대학교출판부, 1976.
\_\_\_\_\_,『삶의 투시로서의 문학』, 문학과지성사, 1988.
\_\_\_\_\_,『우리 이야기 문학의 아름다움』, 한국연구원, 1981.
\_\_\_\_\_,『우리의 삶과 문학』, 고려원, 1985.
\_\_\_\_\_,『한국 현대 문학론』, 박영사, 1981.
\_\_\_\_\_,『현대 작가론』, 개문사, 1988.
염무웅,『민중시대의 문학』, 창작과비평사, 1979.
오세영,『문학 연구 방법론』, 시와시학사, 1988.
\_\_\_\_\_,『문학연구 방법론』, 이우출판사, 1988.
\_\_\_\_\_,『현대시와 실천비평』, 이우출판사, 1983.
우한용,『한국현대소설구조연구』, 삼지원, 1990.
원형갑,『문학과 실존의 언어』, 홍익재, 1981.

유종호,『산문정신고』, 나남, 1991.
_____ 외,『한국 현대 작가 연구』, 민음사, 1979.
윤명구 외,『문학개론』, 현대문학사, 1991.
윤병로,『소설의 이해』, 성균관대학교출판부, 1982.
윤재근,『문학비평의 논리와 실제』, 이우출판사, 1986.
이남호,『문학의 偽足·2』, 민음사, 1990.
이동렬,『문학과 사회묘사』, 민음사, 1989.
이동하,『물음과 믿음사이』, 민음사, 1989.
_____,『현대소설의 정신사적 연구』, 일지사, 1989.
이명재,『변혁시의 한국문학』, 문학세계사, 1990.
이보영 편저,『황순원』, 지학사, 1985.
이상섭,『문학의 이해』, 서문당, 1973.
이선영 편,『문학비평의 방법과 실제』, 동천사, 1988.
이승훈,『시작법』, 문학과 비평사, 1988.
이옥순,『한국문학사』, 동아대학교출판부, 1985.
이유식,『한국소설의 위상』, 이우출판사, 1982.
이인복,『한국문학에 나타난 죽음의식의 사적 연구』, 열화당, 1979.
이재선,『한국 현대 소설 작품론』, 문장, 1993.
_____,『한국 현대 소설사』, 홍성사, 1979.2.
_____,『한국문학 주제론』, 서강대학교출판부, 1991.
_____,『한국문학의 지평』, 새문사, 1981.
_____,『한국문학의 해석』, 새문사, 1981.
_____,『현대 한국 소설사』, 민음사, 1991.
이정숙,『한국 현대 장편소설 연구』, 삼지원, 1985.
_____,『한국근대 작가 연구』, 삼지원, 1985.
이정탁,『한국문학 사상사 연구』, 학문사, 1991.
이태동,『한국 현대 소설의 위상』, 문예출판사, 1987.
임헌영,『한국 현대 문학 사상사』, 한길사, 1988.
장현숙,『황순원문학연구』, 시와시학사, 1994.
전광용,『한국현대 소설사 연구』, 민음사, 1984.
전혜자,『현대 소설사 연구』, 새문사, 1987.

정과리,『문학·존재의 변증법』, 문학과지성사, 1985.
정한모,『현대시론』, 보성문화사, 1983.
정한숙,『현대 한국 소설론』, 고려대학교출판부, 1986.
조남현,『문학과 정신사적 자취』, 이우출판사, 1984.
_____,『삶과 문학적 인식』, 문학과지성사, 1988.
_____,『소설원론』, 고려원, 1991.
_____,『한국 현대 소설사 연구』, 민음사, 1984.
_____,『한국소설과 갈등』, 문학과비평사, 1990.
조동일,『한국 문학 통사·4』, 지식산업사, 1986.
_____,『한국 문학 통사·5』, 지식산업사, 1988.
조연현,『문학과 그 주변』, 인간사, 1958.
_____,『한국 현대 문학사』, 성문각, 1980.
_____,『한국 현대 소설의 이해』, 일지사, 1975.
_____,『한국 현대 작가 연구』, 새문사, 1981.
_____,『황순원 단장』, (주)현대문학, 1964.
진형준,『깊이의 시학』, 문학과지성사, 1986.
_____,『또 하나의 세상』, 청하, 1988.
천이두,『문학과 시대』, 문학과지성사, 1982.
_____,『종합에의 의지』, 일지사, 1974.
_____,『한국 소설의 관점』, 문학과지성사, 1985.
_____,『한국 현대 소설 작품론』, 1993.
_____,『한국 현대 소설론』, 형설출판사, 1982.
최동호,『불확정 시대의 문학』, 문학과지성사, 1987.
_____,『현대시의 정신사』, 열음사, 1985.
한 기,『전환기의 사회와 문학』, 문학과지성사, 1991.
한국문학연구회 편,『1950년대 남북한 문학』, 평민사, 1991.
한국문학평론가협회,『한국 문학 비평 선집』제1집, 이우출판사, 1981.
한국민중사연구회 편,『한국민중사·Ⅱ』, 풀빛, 1986.
한승옥,『한국 현대 장편소설 연구』, 민음사, 1989.
한용환,『한국 소설론의 반성』, 이우출판사, 1984.
현길언,『한국 소설의 분석적 이해』, 문학과비평사, 1991.

홍정선,『역사적 삶과 비평』, 문학과지성사, 1986.
홍정운,『신념의 언어와 예술의 언어』, 오상출판공사, 1985.

(3) 논 문

강혜자 역,「동서시학의 비교」,『문학과 비평』통권 제1호, 1987. 봄.
고  은,「실내작가론 3, 황순원」,『월간문학』제2권 제5호, 1969. 5.
곽종원,「신인간형의 탐구」, 동서문화사, 1955. 10.
_____,「황순원론」, 문예, 1952. 9.
구인환,「〈별〉의 이미지와 공간」,「봉죽 박봉세 박사 회갑기념논문집」, 1986.
_____,「황순원 소설의 극적양상」,『선청어문』제19집, 서울대 사대 국어교육과, 1991.
_____,「소설의 극적 구조와 양상」,『국어국문학』81호, 1979. 12.
구창환,「상처받은 세대」,『조대문학』제5집, 1964.
_____,「황순원 문학 서설」,『조선대학교 어문학논총』제6호, 1965.
_____,「황순원 생명주의 문학」,『한국언어문학』, 통권 제4호, 한국언어문학회.
권영민,「황순원의 문체, 그 소설적 미학」,『말과 삶의 자유』, 문학과지성사, 1985.
_____,「일상적 체험과 소설의 수법」,『황순원전집』제4권, 문학과지성사, 1982. 8.
김교선,「성층적 미적 구조의 소설」,『현대문학』, 1966. 5.
김동선,「황고집의 미학, 황순원 가문」,『정경문화』, 1984. 5.
김병걸,「억설의 분노」,『현대문학』제11권 제7호, 1965. 7.
김병욱,「황순원 소설의 꿈 모티브―〈일월〉을 중심으로」,『문학과 비평』여름호, 1988.
김병익,「상황과 상상력」, 문학과지성사, 1979. 7.
_____,「수난기의 결별주의자」,『황순원 문학전집』제5권, 삼중당, 1973. 12.
_____,「순수문학과 그 역사성」,『한국문학』, 1976.
_____,「찢어진 동천사상의 복원」,『황순원의 문학전집』제4권, 삼중당, 1973. 12.
_____,「한국문학의 의식」, 동화출판사, 1976. 1.
_____,「한국소설과 한국기독교」, 김주연 편,『현대문학과 기독교』, 문학과지성사, 1984.

김병익,「장인정신과 70년대 문학의 가능성 돋보여 — 고희 맞은 황순원과 그의 문학세계」,『마당』 44, 1985. 4.
김병택「결말에 대한 작가의 시선 — 〈운수 좋은 날〉〈금따는 콩밭〉〈메밀꽃 필 무렵〉〈소나기〉의 경우」,『현대문학』 제25권 제1호, 1979. 1.
김상일,「순원문학의 위치」,『현대문학』, 1965. 4.
_____,「황순원 문학과 악」,『현대문학』, 1966. 11.
김상태,「한국현대소설의 문체변화」,『말과 삶과 자유』, 문학과지성사, 1985. 3.
김성욱,「시와 인형」,『해동공론』, 1952. 3.
_____,『언어의 파편』, 지식산업사, 1982. 10.
김영화,「황순원의 소설과 꿈」,『월간문학』 제17권 제5호, 1984. 5.
_____,「황순원의 단편소설 1 — 해방 전의 작품을 중심으로」,『한국언어문학』 제23집, 한국언어문학회, 1984.
김용성,「한국 소설의 시간 의식」,『현대문학』 통권 397·398호, 1988. 1. 2.
김우종,「38선의 문학과 황순원」,『한국현대소설사』, 성문각, 1980.
_____,「명작에서 본 모상 10태(6) — 황순원 작 〈과부〉」,《대한일보》, 1967. 6. 10.
김운기,「황순원 시고」,『국제어문』 제2집, 1985. 2.
김운헌,「황순원론」,『경북대학교 국어국문학연구논문집』 10, 1960. 12.
김윤식,「황순원론」,『우리 문학의 넓이와 깊이』, 서재헌, 1979.
_____,「민담 또는 민족적 형식」,『우리 근대 소설 논집』, 이우출판사, 1986.
김인환,「인고의 미학」,『황순원 전집』 제6권, 문학과지성사, 1981. 5.
김정자,「황순원과 김승옥의 문체연구 — 통어론적 측면에서 본 시도」,『한국문학총론』 1, 1978. 12.
김종회,「삶과 죽음의 존재양식 — 황순원 단편집 『탈』을 중심으로」,『문학사상』 1988. 3.
_____,「소설의 조직성과 해체의 구조」,『현실과 문학의 상상력』, 교음사, 1990.
_____,「황순원 소설의 작중인물 연구」,『한국소설의 낙원의식 연구』, 문학아카데미, 1990.
김주연,「싱싱함, 그 생명의 미학」,『황순원 전집』 제11권, 문학과지성사, 1985. 3.
_____,「한국문학 왜 감동이 없는가」,『문예중앙』, 1984. 가을.
김치수,『상황과 상상력』, 문학과지성사, 1979.

김치수,「소설의 사회성과 서정성」,『말과 삶과 자유』, 문학과지성사, 1985. 3.
_____,「소설의 조직성」,『황순원 전집』제10권, 문학과지성사, 1982. 8.
_____,「소설의 조직성과 미학―황순원의 소설」,『문학과 비평의 구조』, 문학과지성사, 1984.
_____,「외로움과 그 극복의 문제」,『문학』제1권 제8호, 1966.
김  현,「소박한 수락」,『황순원 문학전집』제6권, 삼중당, 1973. 12.
_____,「안과 밖의 변증법」,『황순원 전집』제1권, 문학과지성사, 1980. 12.
_____,「해방 후 한국사회와 황순원의 작품세계」,『대학주보』, 경희대학교, 1980. 9. 15 (상), 9. 22 (하).
_____,「계단만으로 된 집」,『말과 삶과 自由』, 문학과지성사, 1985. 3.
김희보,「황순원의『움직이는 성』과 무속신앙―M. Eliade의 예술론을 중심으로」,『기독교사상』247, 1979. 1.
나경수,「〈독짓는 늙은이〉 원형재구」,『한국언어문학』제30집, 1992. 6.
남관만,「황순원 저『황순원 단편집』을 읽고」,《매일신보》, 1941. 4. 3.
노귀남,「황순원 시세계의 변모를 통해서 본 서정성 고찰」,『고황논집』제6집, 1990.
노대규,「소나기의 문체론적 고찰」,『연세어문학』제9・10합집, 연세대학교, 1977. 3.
박정자,「성숙과 고민」,『성대문학』제12집, 1996.
백  철,「작품은 실험적인 소산」,《한국일보》, 1960. 12. 18.
_____,「전환기의 작품자세」,《동아일보》, 1960. 12. 9~10.
성민엽,「존재론적 고독의 성찰」,『황순원 전집』제8권, 문학과지성사, 1983. 7.
송상일,「순수와 초월」,『황순원 전집』제7권, 문학과지성사, 1981. 12.
송하섭,『한국현대소설의 서정성 연구』, 단국대학교출판부, 1989.
신동욱,「삶의 투시로서의 문학」, 문학과지성사, 1988.
_____,「황순원 소설에 있어서 한국적 삶의 인식연구」,『동양학』16집, 단국대학교 동양학연구소, 1986.
신춘호,「황순원의 〈황소들〉론」,『충주문학』제3집, 1985. 10.
심연섭,「황순원씨―신동아인터뷰」,『신동아』제3권 제4호, 1966. 4.
양선규,「어린 외디푸스의 고뇌―황순원의 〈별〉에 관하여」,「문학과 언어」제9집, 1988.

양선규,「황순원 초기단편소설연구(1)」,『개신어문연구』제7집, 1990.
\_\_\_\_\_,「황순원 소설의 分析心理學的 硏究」, 경북대학교 대학원 박사학위청구 논문, 1991. 12.
염무웅,「8·15 직후의 한국문학」,『창작과비평』, 1975 가을.
\_\_\_\_\_,「민중시대의 문학」, 창작과비평사, 1979. 4.
오생근,「전반적 검토」,『황순원 연구』, 문학과지성사, 1985. 3.
우한용,「민족성의 근원추구—황순원의『움직이는 성』」,『한국현대소설구조 연구』, 삼지원, 1990.
\_\_\_\_\_,「소설의 양식차원과 장르차원—황순원의『별과 같이 살다』」,『한국현대소설 구조연구』, 삼지원, 1990.
\_\_\_\_\_,「소설의 양식차원과 장르차원—황순원의『신들의 주사위』」,『한국현대소설 구조 연구』, 삼지원, 1990.
\_\_\_\_\_,「현대소설의 고전수용에 관한 연구—『움직이는 성』과 서사무가 〈칠공주〉의 관련성을 중심으로」,『국어국문학』제23집, 전북대학교, 1983.
원응서,「그의 인간과 단편집『기러기』」,『황순원 문학전집』제3권, 삼중당, 1978.
\_\_\_\_\_ 외,『황순원 연구』, 문학과지성사, 1985. 3.
원형갑,「『나무들 비탈에 서다』의 배지」(상·중·하),『현대문학』, 1961. 1~3.
\_\_\_\_\_,「버림받은 언어권—『움직이는 성』의 인물들」,『현대문학』, 제20권 제3호, 1974. 3.
\_\_\_\_\_,「나무들 비탈에 서다 背地」(상·중·하),『현대문학』, 1961. 1~3.
유종호,「현실주의 상상력」,『산문정신고』, 나남, 1991.
\_\_\_\_\_,「겨레의 기억」,『황순원 전집』제2권, 문학과지성사, 1981. 5.
윤명구,「황순원 소설세계의 변모—『황순원 전집』소재 장편소설을 중심으로」,『국어교육연구』2, 1978. 3.
윤지관,「『일월』의 정치적 차원」,『문학과 비평』, 1987. 가을호.
이기야,「소설에 있어서의 상징문제—황순원의『움직이는 성』을 중심으로」,『고려대학교 어문논집』19, 1977. 9,
이남호,「물 한 모금의 의미」,『문학의 위족·2』, 민음사, 1990
이동하,「입사소설의 한 모습」,『물음과 믿음 사이』, 민음사. 1989
\_\_\_\_\_,「전통과 설화성의 세계—황순원의『기러기』」,『물음과 믿음사이』, 민음사, 1989.

이동하,「황순원, 파멸의 길과 구원의 길 —『별과 같이 살다』에 대하여」,『문학사상』, 1988. 3.
_____,「한국소설과 구원의 문제」,『현대문학』, 1983. 5.
_____,「말하지 않고 있는 것의 중요성」,『한국문학』, 1988. 3.
_____,「소설과 종교」,『한국문학』, 1987. 7~9.
_____,「입사소설의 한 모습」,『한글학보』, 1987. 겨울.
_____,「전통과 설화성의 세계」,『한글새소식』, 1987. 12~1988. 1.
_____,「주제의 보편성과 기법의 탁월성」,『정통문학』제1집, 1986.
_____,「파멸의 길과 구원의 길」,『문학사상』, 1988. 3.
이보영,「황순원 연구」, 문학과지성사, 1985. 3.
_____,「황순원 재고」,『월간문학』제7권 제8호, 1974. 8.
_____,「황순원의 세계」(상·하),『현대문학』, 1970. 2~3.
이부영,「심리학적 상징으로서의 동굴」,『문학과 비평』, 1987. 가을.
이상섭,「유랑민 근성과 창조주의 눈」,『황순원전집』제9권, 문학과지성사, 1980. 12.
이석훈,「문학풍토기 평양편」,『인문평론』, 1940. 8.
이선영,「인정, 허망, 자유 — 황순원 〈탈〉, 서정인 〈강〉, 이정한 〈까치방〉」,『창작과 비평』제11권 제3호, 1976. 9.
이어령,「식물적 인간상」,『사상계』, 1960. 4.
이용남,「조신몽의 소설화 문제 —〈잃어버린 사람들〉,〈꿈〉을 중심으로」,『관악어문연구』제5집, 1980.
이유식,「전후소설에 나타난 문장변천」,『한국소설의 위상』, 이우출판사, 1982.
이인복,「황순원의 〈별〉〈독짓는 늙은이〉〈목넘이마을의 개〉」,『한국문학에 나타난 죽음의식의 사적 연구』, 열화당, 1979. 9.
이재선,「전쟁체험과 50년대 소설」,『현대문학』통권409호, 1989. 1.
이정숙,「인간의 내면과 원형의 탐구」,『한국 현대장편소설 연구』, 삼지사, 1990.
_____,「자아인식에의 여정 — 황순원『움직이는 성』」,『한국 현대장편소설 연구』, 삼지사, 1990.
_____,「민요의 소설화에 대한 고찰 —〈명주가〉와 〈비늘〉을 중심으로」,『한성대학교 논문집』제9집, 1985.
_____,「지속적 자아와 변모하는 삶」,『한국근대작가연구』, 삼지사, 1985.

이태동,「실존적 현실과 미학적 현현」,『현대문학』, 1980. 11.
이형기,「유랑민의 비극과 무상의 성실」,『황순원 문학전집』제1권, 삼중당, 1973. 12.
이호숙,「황순원 소설의 서술시점에 관한 연구」, 이화여자대학교 대학원 석사학위청구논문, 1987.
이호철,「문학을 숙명적으로 받아들이는 자세」,『현대문학』, 1966. 12.
장수자,「Initiation Story연구」,『전국 대학생 학술 논문 대회 논문집』제3호, 이화여대, 1978.
장현숙,「전쟁의 상흔과 인간긍정의 철학―단편집『곡예사』를 중심으로」,『경원전문대학 논문집』제16집, 1993.
\_\_\_\_\_,「해방 후 민족현실과 해체된 삶의 형상화―단편집『목넘이마을의 개』를 중심으로」,『어문연구』제21권 제12호(77·78 합병호), 1993.
\_\_\_\_\_,「황순원 초기작품 연구―단편집『늪』을 중심으로,「경원공업전문대학 논문집」제7집, 1986.
\_\_\_\_\_,「황순원, 민족현실과 이상과의 괴리―단편집『기러기』를 중심으로(2)」,『경원전문대학논문집』제13집, 1991. 4.
전영태,「이청준 창작집과 황순원의 단편소설」,「광장」146, 1985. 10.
\_\_\_\_\_,「6·25와 분단 시대의 소설」,『한국문학』제14권, 제6호, 통권 152호, 1986.
정과리,「사랑으로 감싸는 의식의 외로움」,『황순원전집』제5권, 문학과지성사, 1984. 4.
\_\_\_\_\_,「현실의 구조화」,『말과 삶과 自由』, 문학과지성사, 1985. 3.
정전길,「황순원 문학 점묘―〈독짓는 늙은이〉,〈곡예사〉,〈별〉등」,『교양』, 고려대, 1967. 12.
정창범,「율리시즈와 방황」, 창원사, 1975. 1.
\_\_\_\_\_,「황순원론」,『문학춘추』제1권 제5호, 1964.
정태용,「전후세대와 니힐리즘―『나무들 비탈에 서다』를 읽고」, ≪민국일보≫, 1961. 4. 14.
정호웅,「분단소설의 새로운 넘어섬을 위하여」,『한국문학』제14권, 제6호, 통권152호, 1986.
조규일,「황순원의 전쟁소설 소고―그의 단편소설〈학〉을 중심으로」,『광운공

업대학교논문집』 제13호, 1984. 5.
조남현,「문학사회학의 수용양태의 그 문제점」,『문학과 비평』, 1987. 가을.
＿＿＿,「우리 소설의 넓이와 깊이,『나무들 비탈에 서다』, 그 외연과 내포」,『문학정신』, 1989. 4~5.
＿＿＿,「한국소설과 갈등」,『문학과 비평』, 1990.
＿＿＿,「황순원의 초기 단편소설」,『한국현대소설사연구』, 민음사, 1984. 11.
＿＿＿,「순박한 삶의 파괴와 회복」,『황순원전집』 제3권, 문학과지성사, 1981. 12.
＿＿＿,「우리 소설의 넓이와 깊이 — 황순원의 〈카인의 후예〉」,『문학정신』, 1989. 1. 2.
＿＿＿,「황순원론」,『예술원 논문집』 제3집, 1964.
조연현,「서정적 단편」,『문학과 그 주변』, 인간사, 1958.
＿＿＿,「황순원 단장」,『현대문학』, 1964. 11.
＿＿＿,「황순원론」,『예술원 논문집』 제3집, 1964.
진형준,「모성으로 감싸기, 그에 안기기 — 황순원론」,『세계문학』, 민음사, 1985.
채명식,「인간의 의지와 신의 섭리 —『신들의 주사위』를 중심으로」,『국어문학 논문집』 제12집, 동국대학교, 1983. 9.
천이두,「밝음의 미학 —〈인간접목〉론」,『한국소설의 문제작』, 백철·구인환·윤재근 저, 도서출판 일념, 1985.
＿＿＿,「인간 속성과 모랄」,『현대문학』, 1985. 11.
＿＿＿,「황순원의 〈소나기〉— 시적 이미지의 미학,『한국현대소설 작품론』, 문장, 1993.
＿＿＿,「부정과 긍정」,『황순원 문학전집』 제2권, 삼중당, 1973. 12.
＿＿＿,「서정과 위트」,『황순원 문학전집』 제7권, 삼중당, 1973. 12.
＿＿＿,「원숙과 패기」,『문학과 지성』, 1976. 여름.
＿＿＿,「인간속성과 모랄」,『현대문학』, 1958. 11.
＿＿＿,「자의식과 현실(『나무들 비탈에 서다』의 기점 개제) (상·하)」,『현대문학』, 1961. 12~1962. 1.
＿＿＿,「전체소설로서의 국민들」,『현대문학』, 1982. 12.
＿＿＿,「종합에의 의지」,『현대문학』, 1973. 8.
＿＿＿,「청상의 이미지 — 오작녀」,『한국현대소설론』, 형설출판사, 1983.
＿＿＿,「토속적 상황 설정과 한국소설」,『사상계』 통권188호, 1968.

천이두,「한국소설의 관점」, 문학과지성사, 1980. 3.
\_\_\_\_\_,「황순원 문학」,『신한국문학 전집』 14, 어문각, 1970.
\_\_\_\_\_,「시와 산문」,『한국대표문학전집』 제6권, 삼중당, 1970.
최동호,「1950년대의 시적 흐름과 정신사적 의의」,『현대문학』 통권409호, 1989.
\_\_\_\_\_,「동경의 꿈에서 피사의 사탑까지」,『말과 삶과 自由』, 문학과지성사, 1985. 3.
최래옥,「황순원〈소나기〉의 구조화 의미」,『국어교육』 31, 한국국어교육연구회, 1977. 12.
최정희·오유권·서정범·이호철,「황순원과 나」,『말과 삶과 自由』, 문학과지성사, 1985. 3.
한승옥,「황순원 장편소설 연구―원죄의식을 중심으로」,『숭실어문』 제2집, 숭전대학교 국어국문학과, 1985. 2.
현길언,「변동기 사회에서〈집〉과〈토지〉의 문제, 황순원의〈술〉〈두꺼비〉〈집〉」,『한국소설의 분석적 이해』, 문학과비평사, 1991.
홍기삼,「유랑민의 서사극」,『한국문학대전집』, 태극출판사, 1976. 6.
홍정선,「이야기의 소설화와 소설의 이야기화」,『말과 삶과 自由』, 문학과지성사, 1985.
홍정운,「신념의 언어와 예술의 언어」, 오성출판공사, 1985.
\_\_\_\_\_,「황순원론―〈움직이는 城〉의 실체」,『현대문학』 제27권 제7호, 1987. 7.

(4) 학위논문
강선주,「黃順元의 '成長小說' 연구: 短篇小說을 중심으로」, 전남대 교육대학원, 1990.
강여주,「황순원 성장소설 연구」, 전남대 교육대학원. 1989.
강평구,「黃順元 小說의 人物類型 考察」, 조선대 대학원 석사학위청구논문, 1988.
고은숙,「황순원 장편소설의 갈등양상 연구」, 제주대 대학원 석사학위청구논문, 1992.
구수경,「황순원 소설의 담화양상 연구」, 충남대 대학원 석사학위청구논문, 1987.
구수향,「黃順元小說의 談話樣相 硏究」, 충남대 대학원 석사학위청구논문, 1987.
권경희,「황순원 소설에 나타난 종교사상 연구―『일월』과『움직이는 성』을 중심으로」, 한양대 교육대학원, 1986. 2. 14.

권대근, 「韓國 現代小說에 나타난 꿈에 관한 연구 : 黃順元의 作品을 중심으로」, 원광대 교육대학원, 1990.
권오선, 「황순원의 '40·'50년대 소설 연구」, 충북대 교육대학원, 1993.
권혜정, 「黃順元의 額子 小說 연구」, 경북대 교육대학원, 1990.
김경혜, 「黃順元長篇에 나타난 人間救援意識에 관한 考察」, 숙명여대 대학원 석사학위청구논문, 1988.
김경화, 「황순원의 장편소설 연구 : 소설에 나타난 죄의식과 구원의 문제를 중심으로」, 서강대 교육대학원, 1993.
김난숙, 「황순원 문학의 상징적 고찰」, 부산여대 대학원 석사학위청구논문, 1985. 2.
김미정, 「황순원의 작가정신과 인간탐구 : 전기장편을 중심으로」, 부산대 대학원 석사학위청구논문, 1994.
김보경, 「황순원 소설 연구 : 현실인식을 중심으로」, 순천향대 교육대학원, 1998.
김봉숙, 「황순원 소설에 나타난 통과제의 연구 :〈별〉·〈소나기〉·〈학〉을 중심으로」, 제주대 교육대학원, 1998.
김순남, 「황순원 소설 연구 : 단편소설의 소년상을 중심으로」, 호남대 대학원 석사학위청구논문, 1998.
김영환, 「黃順元 小說의 作中人物研究」, 동국대 교육대학원, 1987.
김윤선, 「黃順元 小說에 나타난 꿈 연구」, 고려대 대학원 석사학위청구논문, 1994.
김윤정, 「황순원 소설 연구」, 한양대 박사학위청구논문, 1997.
김인숙, 「황순원 장편소설 연구 : 작중인물의 성격을 중심으로」, 연세대 교육대학원, 1995.
김전선, 『나무들 비탈에 서다』에 관한 연구」, 이화여대 교육대학원, 1983.
김정하, 「황순원〈日月〉연구 — 前像化된 象徵構造의 原型批評的分析과 解釋」, 서강대 대학원 석사학위청구논문, 1986.
김정혜, 「島崎藤村의〈破戒〉と黃順元의〈日月〉との比較研究 — 疎外の樣を中心じ」, 계명대 대학원 석사학위청구논문, 1994.
김종회, 「황순원 소설의 작중인물 연구」, 경희대 대학원 석사학위청구논문, 1985.
김홍길, 「黃順元 長篇小說의 作中人物 연구 :〈나무들 비탈에 서다〉와〈日月〉에 나타난 現實認識의 문제를 중심으로」, 한국교원대 대학원 석사학위청구논문,

1993.

김희광, 「黃順元 小說硏究:長篇에 나타난 罪意識과 人間救援의 問題를 中心으로」, 성균관대 교육대학원, 1992.

김희범, 「黃順元 小說의 人物 硏究:단편소설에 나타난 어린이와 노인을 중심으로」, 경남대 교육대학원, 1990.

김희숙, 「黃順元 小說 硏究:短篇集『기러기』를 中心으로」, 성신여대 교육대학원, 1997.

남태제, 「황순원 문학의 낭만주의적 성격 연구」, 서울대 대학원 석사학위청구논문, 1997.

노승욱, 「황순원 단편소설의 수사학적 연구」, 서울대 대학원 석사학위청구논문, 1997.

류정수, 「황순원의 〈카인의 후예〉 연구」, 경북대 교육대학원, 1996.

문영희, 「黃順元 文學의 作家精神 展開 樣相 硏究」, 경희대 대학원 석사학위청구논문, 1988.

_____, 「황순원 문학 연구」, 경희대 대학원 박사학위청구논문, 1998.

박노철, 「황순원 소설에 나타난 구원의 양상:〈카인의 후예〉를 중심으로」, 건국대 교육대학원, 1990.

박명진, 「文學에 나타난 救援의 意味 考察:황순원 장편 〈움직이는 城〉을 중심으로」, 원광대 대학원 석사학위청구논문, 1991.

박미령, 「黃順元論」, 충남대 대학원 석사학위청구논문, 1980.

박선미, 「黃順元의 文體硏究―〈나무들 비탈에 서다〉를 中心으로」, 이화여대 대학원 석사학위청구논문, 1987.

박양호, 「황순원 문학 연구」, 전북대 박사학위청구논문, 1994.

박주연, 「황순원 장편소설의 인물구조 연구:〈나무들 비탈에 서다〉,〈日月〉,〈움직이는 城〉을 중심으로」, 서울여대 대학원 석사학위청구논문, 1998.

박진규, 「황순원 초기단편 연구」, 부산대 대학원 석사학위청구논문, 1988.

박혜경, 「黃順元 小說의 美學」, 동국대 대학원 석사학위청구논문, 1972.

박혜경, 「황순원 문학 연구」, 동국대 대학원 박사학위청구논문, 1995.

_____, 「황순원 소설의 미학」, 이화여대 대학원 석사학위청구논문, 1976.

박혜숙, 「有島武郞の〈カインの末裔〉と황순원의〈カインの後裔〉との比較硏究:仁右衛門とトソップ老人のカイン的特性と野蠻性の要因を中心にして」, 성신여대

대학원 석사학위청구논문, 1994.
방경태, 「황순원 장편소설에 나타난 죄의식 연구」, 대전대 대학원 석사학위청구논문, 1996.
방민화, 「黃順元〈日月〉硏究:入社式을 中心으로」, 숭실대 대학원 석사학위청구논문, 1988.
방용삼, 「황순원소설에 나타난 애정관」, 경희대 교육대학원, 1981.
배규호, 「黃順元 小說의 作中人物 연구:〈나무들 비탈에 서다〉를 中心으로」, 계명대 교육대학원, 1990.
배병철, 「현대소설에서 본 윤리의식 — 황순원·오영수 작품을 중심으로」, 경희대 교육대학원, 1981.
배선미, 「黃順元 長篇小說 硏究:戰爭에 의한 被害樣相 및 克服意志를 中心으로」, 숙명여대 교육대학원, 1990.
백승철, 「황순원 소설의 악인 연구」, 세종대 대학원 석사학위청구논문, 1982.
변정화, 「1930년대 한국 단편소설 연구」, 세종대 대학원 석사학위청구논문, 1985.
서경희, 「황순원 소설의 연구 — 작중인물의 성격을 중심으로」, 전북대 교육대학원, 1986.
서월심, 「黃順元 小說에 나타난 죽음意識 연구」, 한남대 대학원 석사학위청구논문, 1991.
서재원, 「黃順元의 解放直後 小說 연구:단편집 『목넘이 마을의 개』를 중심으로」, 고려대 대학원 석사학위청구논문, 1991.
송영희, 「황순원 소설의 인물 연구:해방기 단편소설을 중심으로」, 건국대 교육대학원, 1993.
신동규, 「모티브의 機能과 意味化 — 〈소나기〉를 對象으로 한 試論的 分析」, 서강대 대학원 석사학위청구논문, 1985.
안남연, 「黃順元小說의 作中人物硏究」, 한국외대 대학원 석사학위청구논문, 1984.
____, 「황순원 작품의 구조 연구 — 단편소설을 중심으로」, 원광대 대학원 석사학위청구논문, 1984.
안미현, 「황순원 장편소설 연구:〈별과 같이 살다〉, 〈카인의 後裔〉, 〈人間接木〉을 중심으로」, 연세대 교육대학원, 1993.
안영래, 「황순원 소설에 나타난 꿈 연구」, 중앙대 교육대학원, 1982.
양선규, 「黃順元 小說의 分析心理學的 연구」, 경북대 대학원 박사학위청구논문,

1992.

양영미, 「黃順元 장편소설 인물 연구 : 주인공의 갈등을 중심으로」, 전남대 교육대학원, 1995.

양현진, 「황순원 소설의 '금기'구조 연구 : 단편소설을 중심으로」, 이화여대 대학원 석사학위청구논문, 1997.

오명숙, 「전쟁을 배경으로 한 이니시에이션소설연구」, 인하대 교육대학원, 1993.

오병기, 「黃順元 小說 연구 : 죽음의 樣相과 意味의 變化를 중심으로」, 영남대 대학원 석사학위청구논문, 1989.

오연희, 「黃順元의 〈日月〉 硏究」, 충남대 대학원 박사학위청구논문, 1998.

유재봉, 「황순원 소설에 나타난 주인공의 인간상」, 충남대 교육대학원, 1983.

윤민자, 「황순원 소설에 나타난 애정관—장편소설 중심으로」, 연세대 교육대학원, 1987.

윤장열, 「黃順元短篇小說 構造 硏究」, 한국외대 대학원 석사학위청구논문, 1988.

이경호, 「黃順元의 小說의 主體性 硏究」, 한양대 대학원 박사학위청구논문, 1998.

이부순, 「黃順元 短篇小說 硏究」, 서강대 대학원 석사학위청구논문, 1988.

이성준, 「黃順元 初期 小說의 象徵硏究 : 단편집 『늪』을 중심으로, 제주대 대학원 석사학위청구논문, 1996.

이소영, 「黃順元 小說에 나타난 生態意識 硏究」, 고려대 대학원 석사학위청구논문, 1998.

이수남, 「黃順元단편소설인물성격연구」, 영남대 교육대학원, 1995.

이순철, 「文學敎育 敎材로서의 黃順元 小說 고찰 : 단편 〈별〉, 〈산골아이〉, 〈학〉을 중심으로」, 동국대 교육대학원, 1993.

이운기, 「黃順元의 初期 作品 硏究」, 건국대 교육대학원, 1988.

이원태, 황순원의 초기소설 연구」, 계명대 교육대학원, 1996.

이월영, 「꿈소재 서사문학의 사상적 유형연구」, 전북대 대학원 박사학위청구논문, 1990.

이정숙, 「黃順元 小說에 나타난 人間像」, 서울대 대학원 석사학위청구논문, 1976.

이향환, 「황순원 소설에 나타난 인간 구원의 문제」, 아주대 교육대학원, 1999.

이현란, 「황순원소설 연구 : 전기장편을 중심으로」, 성신여대 대학원 석사학위청구논문, 1988.

이현숙, 「黃順元 小說의 人物 硏究 : 이니시에이션 소설을 중심으로」, 단국대 대학원 석사학위청구논문, 1998.
이현주, 「황순원 단편소설에 나타난 서술 양상연구」, 이화여대 대학원 석사학위청구논문, 1993.
이호숙, 「黃順元小說의 敍述視點에 관한 硏究」, 이화여대 대학원 석사학위청구논문, 1988.
이희경, 「황순원 문학에 나타난 인간상 고찰:〈움직이는 성〉을 중심으로」, 조선대 대학원 석사학위청구논문, 1995.
이희숙, 「황순원 장편소설 연구:작중인물의 갈등양상을 중심으로」, 숙명여대 교육대학원, 1993.
임관수, 「황순원 작품에 나타난 자기실현 문제 —『움직이는 성』을 중심으로」, 충남대 대학원 석사학위청구논문, 1983.
임영천, 「김동리·황순원 소설의 종교세계 비교연구:〈을화〉와 〈움직이는 성〉을 중심으로」, 서울시립대 대학원 석사학위청구논문, 1991.
임유순, 「黃順元 小說에 나타난 少年像 硏究」, 인천대 교육대학원, 1990.
임정옥, 「황순원 소설에서의 죄의식과 구원문제」, 전북대 교육대학원, 1998.
장현숙, 「황순원 작품 연구 —〈모성〉을 중심으로, 경희대 대학원 석사학위청구논문, 1986.
_____, 「黃順元 소설연구」, 경희대 대학원 박사학위청구논문, 1994.
전경석, 「김동리와 황순원 시 연구」, 충남대 교육대학원, 1994.
전미리, 「黃順元 短篇小說 硏究 — 作品〈별〉〈닭〉〈소나기〉〈학〉中心으로」, 서울여대 대학원 석사학위청구논문, 1987.
전현주, 「황순원 단편 고찰 — 이니시에이션 스토리를 중심으로』, 동아대 대학원 석사학위청구논문, 1984.
정도권, 「황순원 장편소설 연구」, 동아대 대학원 석사학위청구논문, 1990.
정재석, 「한국 소설에서의 유년시점 연구:김남천, 현덕, 황순원소설의 유년 인물을 중심으로」, 서강대 대학원 석사학위청구논문, 1995.
정창훤, 「황순원 소설의 이미지에 관한 연구」, 전북대 교육대학원, 1986.
정현돈, 「黃順元의〈나무들 비탈에 서다〉연구」, 계명대 교육대학원, 1995.
주경자, 「황순원 장편소설 연구:작중인물의 새로운 세계의 모색을 중심으로」, 상지대 교육대학원, 1996.
최미숙, 「황순원 후기 장편소설의 서사구조 연구:〈일월〉과 〈움직이는 성〉을 중심으로」, 동덕여대 대학원 석사학위청구논문, 1996.
최미옥, 「黃順元 小說에 나타난 인물의 自己實現 연구」, 강원대 대학원 석사학위청구논문, 1991.
최민자, 「황순원 작품 연구」, 동아대 대학원 석사학위청구논문, 1985.
최옥남, 「황순원 소설의 기법연구」, 서울대 대학원 석사학위청구논문, 1986.
최인숙, 「黃順元의 〈움직이는 城〉硏究」, 효성여대 대학원 석사학위청구논문, 1988.
최주한, 「黃順元의 〈카인의 後裔〉연구 : 제의적 소설형식의 특성을 중심으로」, 서강대 대학원 석사학위청구논문, 1995.
한효연, 「黃順元 作品의 文體論的 硏究 : 短篇小說을 中心으로」, 고려대 교육대학원, 1991.
허명숙, 「黃順元 長篇小說 硏究 : 〈日月〉, 〈움직이는 城〉, 〈神들의 주사위〉 人物 構造를 中心으로」, 숭실대 대학원 석사학위청구논문, 1988.
_____, 「황순원 소설의 이미지 분석을 통한 동일성 연구」, 숭실대 대학원 박사학위청구논문, 1997.
현영종, 「이니시에이션 소설 연구 — 염상섭, 황순원, 김승옥, 김원일 작품을 중심으로」, 고려대 교육대학원, 1989.
홍순재, 「黃順元의 〈움직이는 城〉연구」, 경남대 교육대학원, 1990.
황의진, 「황순원 초기 단편소설 연구」, 전주대 교육대학원, 1998.
황효일, 「황순원 소설 연구」, 국민대 대학원 박사학위청구논문, 1997.